छत्तीसगढ़ के लोक आभूषण

छत्तीसगढ़ के लोक आभूषण

डुमन लाल ध्रुव

वाणी प्रकाशन

प्रकाशन के उत्कृष्टतम 61 वर्ष

vaniprakashan.com

प्रथम संस्करण : 2024

वाणी प्रकाशन

4695, 21-ए, दरियागंज, नयी दिल्ली-110 002

फ़ोन : +91 11 23273167, 23275710

शाखाएँ

अशोक राजपथ, पटना-800 004, बिहार

कॉफ़ी हाउस कैम्पस, महात्मा गांधी मार्ग, प्रयागराज-211 001, उत्तर प्रदेश

महात्मा गांधी अन्तरराष्ट्रीय हिन्दी विश्वविद्यालय, वर्धा-442 001, महाराष्ट्र

36/ए, शेक्सपियर सरणी, रानी बिरला गर्ल्स कॉलेज के पास, कोलकाता-700 017, प. बंगाल

sales@vaniprakashan.in
vaniprakashan@gmail.com

Chhattisgarh Ke Lok Aabhooshan
by Dooman Lal Dhruv

ISBN : 978-93-6287-076-6
Culture

मूल्य : ₹ 295

आर. टेक ऑफ़सेट प्रिंटर्स, दिल्ली-110 032 में मुद्रित

वाणी प्रकाशन का लोगो मक़बूल फ़िदा हुसेन की कूची से

चेतना 'चारु' एवं सुहानी 'पीहू' के लिए
जिन्होंने छत्तीसगढ़ के
लोक आभूषण को जानने की
जिज्ञासा रखी।

अनुक्रम

शब्दों की तरह तोड़ते और कुरेदते हुए लोक आभूषण

आभूषण लोक संस्कृति के लोकमान्य अंग हैं। सौन्दर्य की बाहरी चमक-दमक से लेकर शील की भीतरी गुणवत्ता तक और व्यक्ति की वैयक्तिक रुचि से लेकर समाज की सांस्कृतिक चेतना तक आभूषणों का प्रभाव व्याप्त रहा है। आभूषणों के उपयोग का प्रभाव तन और मन दोनों पर पड़ता है। उनके धारण करने से शरीर का सौन्दर्य ही नहीं प्रकाशित होता, वरन स्वास्थ्य भी सुरक्षित रहता है। सौन्दर्य बोध में उचित समय पर उचित आभूषण पहनने का ज्ञान सम्मिलित है। शरीर विज्ञान के आधार पर ही आभूषणों का चयन किया गया है। पायल और कड़े धारण करने से एड़ी, टखनों और पीठ के निचले भाग में दर्द नहीं होता। ज्योतिषविदों ने ग्रह-नक्षत्रों के प्रभाव से आभूषणों के प्रभाव का सम्बन्ध स्थापित कर एक नयी दिशा खोली है। ग्रहों के बुरे प्रभाव को निस्तेज करने के लिए निश्चित धातुओं और रत्नों का चयन और आभूषणों में उनका प्रयोग महत्त्वपूर्ण खोज है।

आभूषणों से नारी की रुचि का पता चलता ही है, तत्कालीन आर्थिक और सामाजिक स्थिति की भी पहचान हो जाती है। यदि प्राचीन समय में पैरों के स्वर्णाभूषण या रत्न जड़ित आभूषण पहने जाते थे, तो तत्कालीन समृद्धि का पता लग जाना स्वाभाविक है। किसी परिवार की नारी के आभूषणों से उसके स्तर का ज्ञान हो जाता है। कुछ आभूषण सौभाग्य के प्रतीक रूप में मान्य हैं, जिन्हें देखकर परिणीता स्त्री की पहचान हो जाती है। आभूषणों से जुड़े लोक विश्वास लोक संस्कृति के अवयव हैं। बिछिया बदलने के लिए अच्छे दिन चुने जाते हैं। लोकोत्सवों और पूजा में आभूषण शुभत्व के प्रतीक हैं। जीवन के सुख-दुख के साथ आभूषणों का सार्थक जुड़ाव रहा है।

श्रृंगार प्रसाधनों में आभूषणों का अपना स्थान है। छत्तीसगढ़ में आभूषणों के पहनने का रिवाज़ सामान्य रूप से प्रचलित है, अगर आपको श्रृंगार देखना हो तो

किसी ब्याह-शादी में अथवा तीज-त्योहारों पर इस श्रृंगार का अवलोकन किया जा सकता है। वैसे मध्यम श्रेणी और श्रमिक वर्ग के द्वारा जो श्रृंगार किया जाता है, वह आपको मेलों-ठेलों, हाट-बाज़ारों में भी देखने को मिल सकता है। छत्तीसगढ़ी लोकगीतों में इन आभूषणों का चित्रण समय अनुसार हुआ है–

गोड़ मा रइपुर शहर के बिछिया, जोगनी कस चमके टिकुलिया
आनी बानी के रुप सजा के तोला मंय मोहा ले हंव ना
ए मोर हीरा मंय तोला अपन बना ले हंव ना।।

× × ×

हर चाँदी हर चाँदी गुन भर के
रानी राजा जूझे केरा बारी माँ ओ, माखुर बारी माँ ओ...
फुलवारी माँ ओ...सुआ ला हर के लेगे ओ।।

× × ×

छन्नर छन्नर पइरी बाजय, खन्नर खन्नर चूरी
हांसत कुलकत मटकत रेंगय, बेलबेलहिन टूरी।।

× × ×

गोड़ के गँवागे बिछिया गंगाजल
असनाने गयेंव मंय तरिया गंगाजल
ओ बिछिया मोर मइके के चिनहा
लिए रिहिस बड़े भइया
घर म कहूँ गोड़ ला देखही भइया मोर
खिसियाही भउजइया गंगाजल।।

× × ×

कनिहा म करधन अउ पाँव म साटी मोर
मुड़ म बोहे गगरी हिरनी कस आँखी मोर
येमा का मोहनी डारे ना, का मोहनी डारे ना
चार लहरिया मोर......

× × ×

छम छम बोलय पाँव के पइरी
खन खन खनके कँगना

चम चम चमके माथे के बिंदिया
तोर मया म सजना
मया हे मोला ना के तोर संग ना।।

× × ×

खिनवा नई माँगव मेंहा, चाँदी नई माँगव मेंहा
हाथे भर चुरी मँय हा माँगव, मयारू जोड़ी बाँहा भर चुरी मँय हा माँगव
मयारू राजा बाँहा भर चुरी मँय हा माँगव।।

लोकगीतों में उस क्षेत्र विशेष का रहन-सहन, परिवर्तनशीलता और खान-पान, बोलचाल से लेकर विकास की प्रक्रिया सहज रूप से व्यक्त होती है। छत्तीसगढ़ के लोकगीत सामाजिक सरोकारों से जुड़कर विश्व के फलक पर मानव की और उस क्षेत्र विशेष की विशिष्ट जानकारी प्रस्तुत करने में सक्षम हैं। लोकगीतों में जहाँ सरल, सुबोध और सहज ग्राह्य भावाभिव्यक्ति उजागर होती है, दार्शनिक भावबोध की धारा प्रवहमान दिखलाई देती है, वहीं जीवन की विभिन्न स्थितियों-परिस्थितियों की छटा का प्रतिबिम्ब भी झलकता दिखलाई पड़ता है।

'छत्तीसगढ़ के लोक आभूषण' लोक आभूषणों की परम्परा, इतिहास, अभिप्राय और पारम्परिक आकल्पनों को हमेशा शब्दों की तरह तोड़ते और कुरेदते हुए लोक आभूषणों की शृंखला को आकार देने का विनम्र प्रयास है।

आभार : लोक मर्मज्ञ श्री नर्मदा प्रसाद गुप्त, श्री पंकज दीक्षित, श्री दुर्गा प्रसाद पारकर, श्रीमती कविता ध्रुव, मयंक ध्रुव, श्री जितेन्द्र गायकवाड़, श्री दिलीप राज सोनी, श्री भूषण सेठिया।

01 जनवरी 2024

—डुमन लाल ध्रुव

छत्तीसगढ़ के लोक आभूषण

छत्तीसगढ़ के लोक-जीवन में गहनों का महत्त्व

छत्तीसगढ़ का लोक-जीवन शृंगार प्रिय है। विभिन्न पर्व और विवाह आदि शुभ कार्यों में गहनों का प्रयोग किया जाता है। लोकनृत्य प्रस्तुत करते हुए अलग-अलग नृत्य के अनुसार गहने पहने जाते हैं। गहने सामाजिक प्रतिष्ठा के अनुरूप कम या ज़्यादा क़ीमती होते हैं। क़ीमती धातु के गहने सम्पन्न वर्ग के लोग पहनते हैं जबकि मध्यम वर्ग के लोग चाँदी के गहने पहनते हैं। सामान्य लोग चाँदी के साथ गिलट के भी गहने पहनते हैं। गहने शृंगार के अभिन्न अंग हैं। छत्तीसगढ़ के मैदानी इलाक़े में जो गहने पहने जाते हैं वनांचल में इससे भिन्न गहने पहने जाते हैं। गहने संकट के समय गिरवी रखने तथा बेचने के भी काम आते हैं। युवा अवस्था में गहनों के प्रति लगाव ज़्यादा होता है। बाद में यह लगाव कम होता जाता है। शृंगार की बदलती अभिरुचि के अनुसार गहने भी बदल जाते हैं। पहले भारी भरकम गहने पहने जाते थे। आजकल हल्के-फुल्के गहने पहने जाते हैं। गहने संस्कृति का भी परिचय देते हैं। गहनों से ही अंचल विशेष का अनुमान लगाया जा सकता है। छत्तीसगढ़ के गहनों की अपनी विशिष्ट बनावट है। विशेष आकार-प्रकार है। इससे पहनने वाले की हैसियत और उसकी सामाजिक स्थिति का अनुमान लगता है। छत्तीसगढ़ के लोग परिश्रमी होते हैं इसलिए उनके गहने भी हल्के-फुल्के होते हैं कि उन्हें पहनने से श्रम करने में कोई व्यवधान नहीं पड़ता। इनके निर्माण में स्थानीय शिल्पकला का योगदान होता है। गहने पहनने के पीछे शारीरिक सन्तुलन बनाये रखने की आकांक्षा भी है। प्रसव के बाद गर्दन बढ़ने से आकार ठीक होता है। नाक और कान को छेद करने के पीछे गहने धारण करने के साथ स्वास्थ्य भी एक कारण है। इन सब तथ्यों से छत्तीसगढ़ के लोक-जीवन में गहनों के महत्त्व का सहज ही अनुमान लगाया जा सकता है।

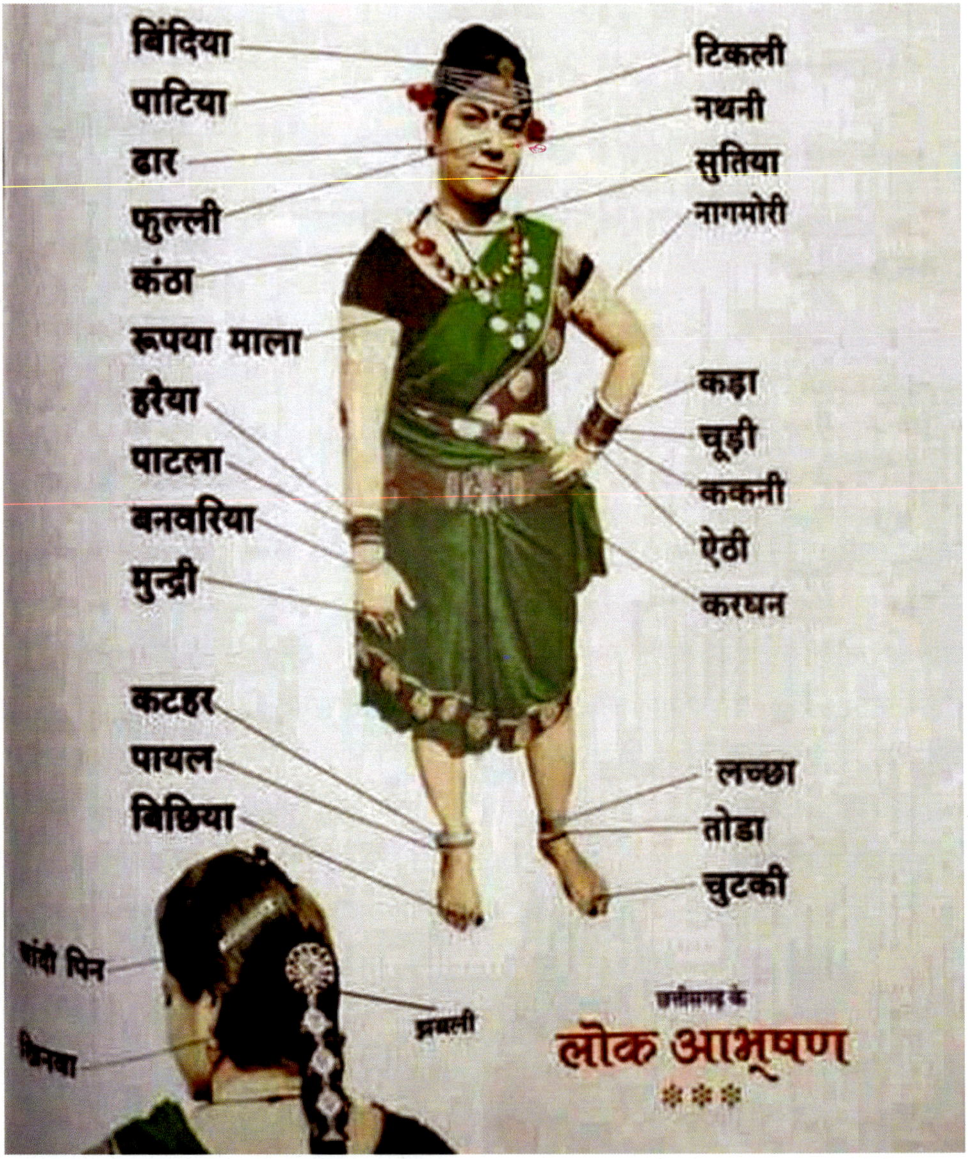

जनजातियों के गहने का वैशिष्ट्य

आदिवासी श्रृंगार प्रिय होते हैं। यहाँ गिलट के गहने ज़्यादा उपयोग में लाये जाते हैं। विशेष अवसर पर आदिवासी महिलाएँ गहनों से लद जाती हैं। रुपये की माला यहाँ का मुख्य गहना है। गिलट का गहना मूल्य में सस्ता और वज़न में हल्का होता है। गहनों में बिदली, तागली, हाँसली, तूड़ा, कंडी, टीवड़ा, धूमरा, मूँदी, ढेकड़वाया,

ढार, तरकी, ककनी, सुतबा, देवहिया, परछटिया आदि पहने जाते हैं। लाख से निर्मित होने वाला खिनवा सौभाग्यसूचक गहना माना जाता है। विवाह के अवसर पर वन्य बालाओं की विदाई इसी गहने के साथ होती है। कान में पहना जाने वाला गहना ढाक खिले हुए फूल की आकृति का होता है। यह कान के काफ़ी हिस्से को ढक लेता है। कान के ऊपरी भाग में पहना जाने वाला गहना झड़प कहलाता है। कान के नीचे बारी पहनने की परम्परा है। यह चाँदी या सोने से बना होता है। यदि इसका प्रयोग आदिवासी पुरुष करते हैं तब इसे सूरकी कहा जाता है। नृत्य के समय विभिन्न गहनों से सजी आदिवासी युवतियाँ अत्यन्त सुन्दर दिखलाई पड़ती हैं। गहने प्राय: राँगा से बने होने के कारण रंगहा कहलाते हैं और बाज़ार हाट में मिलने के कारण इन गहनों को बजरहा एवं हट्टा भी कहा जाता है।

चूड़ी

कंगन

झुमकी

अंगूठी

नथुनी

टीका

हार

माला

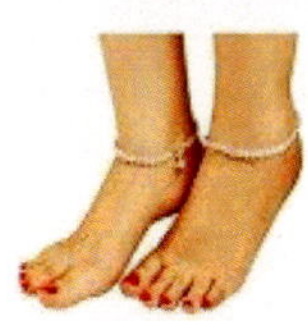

पायल

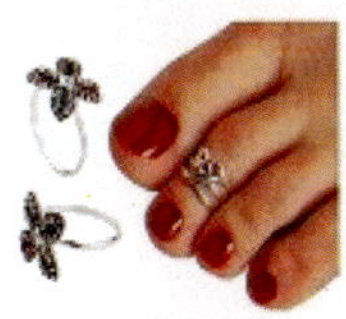

बिछिया

पकड़

ताबीज

लोकनाट्य में श्रृंगार

लोकनाट्य की कल्पना बग़ैर श्रृंगार नहीं की जा सकती। 'चन्दैनी गोंदा' हो या 'चरणदास चोर', 'कारी' हो या 'सोनहा बिहान', सभी लोक नाटकों में गहनों का प्रयोग किया गया है। छत्तीसगढ़ के नाटकों में महिलाएँ कान में झुमका, गले में सुड़रा और रुपिया, कमर में करधन, कलाई में कटनी और ऐंठी, बाँह में पहुँची पहनकर अभिनय के लिए उतरती हैं। इसी तरह पुरुष भी अपनी भूमिका के अनुसार अलग-अलग प्रकार के गहने पहनते हैं। ज़मींदार की भूमिका करने वाला पात्र हाथ में कड़ा पहनता है। उच्च वर्ग का पात्र गले में सोने की चैन और उँगली में मुन्दरी पहनता है।

करनफूल खिनवा

कड़ी करधन

करनफूल खिनवा

लोक नाटक के पात्रों के गहनों को देखकर ही पता चल जाता है कि वह छत्तीसगढ़ के निवासी हैं। 'लोरिक चन्दा' और 'भरथरी' के कलाकार विषय की आवश्यकता के अनुरूप गहने धारण किये दिखलाई पड़ते हैं। 'चरणदास चोर' की रानी के गहने उसकी भूमिका के अनुसार हैं। 'गाँव के नाव ससुराल मोर नाव दामाद' में महिलाएँ मोहर (रुपिया) कंकनी, ऐंठी और पहुँची पहनकर अभिनय करती दिखलाई पड़ती हैं। इसी तरह नाचा की परी का श्रृंगार भी विभिन्न आभूषणों से किया जाता है जिसे देखकर दर्शक प्रभावित हुए बग़ैर नहीं रह सकता। कहा जा सकता है कि श्रृंगार लोकनाट्य का अनिवार्य अंग है।

लोक कला

छत्तीसगढ़ की लोक कला चाहे बस्तर की हो या रामगिरि की, सिरपुर की हो या भोरमदेव की सभी जगह लोक कलाकारों की विशिष्टता दिखलाई पड़ती है। बस्तर में पंच धातु से निर्मित बेल मेटल कला प्रसिद्ध है। यह काफ़ी पुरानी है इसलिए इसे डोकरा आर्ट भी कहा जाता है। पीतल, ताँबा, लोहा आदि से निर्मित इन कलाकृतियों में लोक आभूषण का भी चित्रण होता है। रामगिरि पहाड़ी की प्राचीन नाट्यशाला में जो भित्तिचित्र हैं उसमें भी प्राचीन आभूषणों का चित्रण मिलता है। विभिन्न देवी-देवताओं की प्रस्तर मूर्तियों में गहने बहुत कुशलता के साथ उत्कीर्ण किये गये हैं। छत्तीसगढ़ की राजधानी में काले लौह धातु के बने दरवाज़ों की सज्जा लोक कला का उत्कृष्ट नमूना है। वनवासियों के चित्रण में उनके पारम्परिक अलंकारों का भी आकर्षक चित्रण होता है। डोंगरगढ़, दन्तेश्वरी, रतनपुर की देवी, विंध्यवासिनी देवी सभी प्रतिमाओं में सोने और चाँदी के आभूषण सुशोभित हैं। बस्तर की आदिवासी महिलाएँ लकड़ी के कंघे को जूड़े में खोंसती हैं। उस पर अंकित कलाकृति देखते ही बनती है। लोक कला की श्रृंगार के क्षेत्र में यह अद्‌भुत उपलब्धि है। आदिवासी गहनों के निर्माण में मानव आकृति, वन्य पशुओं की आकृति, पहिया, तुरही आदि का प्रभावशाली अंकन करते हैं। भोरमदेव और सिरपुर के मन्दिर की दीवारों पर जो आकृतियाँ उकेरी गयी हैं उनके साथ पारम्परिक आभूषण की सज्जा देखी जा सकती है।

छत्तीसगढ़ी गहने और संस्कारों में उनका महत्त्व

गहनों का संस्कारों के साथ घनिष्ठ सम्बन्ध रहा है। विवाह के अवसर पर केश सज्जा

के लिए झाबा पहना जाता है। इस अवसर पर पाँव की उँगलियों में बिछिया, पाँवों में साँटी, बहुँटा और लच्छा, कमर में करधन, हाथ की उँगली में मुन्दरी, हाथ में ककनी, बनुरिया, अइंठी, पट्टा और चूरा, बाँह में पहुँची, गले में पुतरी (मोहर) रुपिया, सूर्रा, कान में बारी खिनवा, झुमका, नाक में फुल्ली और सिर में खोंचनी लगाया जाता है। अपनी आर्थिक स्थिति के अनुसार महिलाएँ सोना, चाँदी, ताँबा या गिलट से बने गहने पहनती हैं। विवाह के अवसर पर वर-वधू अलग-अलग क़िस्म के गहने नेग के अनुसार लेकर आते हैं। बचपन में बच्चों को अनिष्ट से बचाने के लिए चाँदी या सोने की ताबीज़ काले धागे में गूँथकर पहनाते हैं। अपने सुहाग से वंचित होने पर महिलाएँ हाथ में केवल चाँदी का पट्टा पहनती हैं। इसकी संख्या आर्थिक स्थिति के अनुसार अलग-अलग होती है।

विवाह के अवसर पर वनों के महत्त्व को इस लोकगीत से सहज ही जाना जा सकता है जिसमें लड़की अपने भाई से कहती है–

मुड़ा मुड़ा इंरोनी दादा
सोनार पेको आयेरो दादा
सोन मुड़ा हेडरो दादा

भैया! वो अँगूठी अँगूठी कह रहा है, भैया अगर मैं सुनार की बेटी होती तो वह मुझे सोने की अँगूठी देता। विवाह निश्चित होने पर लड़की की आँख में आँसू देख कर छत्तीसगढ़ की स्त्रियाँ गाती हैं–

गिरथे मोती कस बूँद हो
का थोर होगे बिटिया, काहे बर बदन मलिन हो
सोन थोर होगे कि रूप थोर होगे?
काहे बर बदन मलिन हो।

छत्तीसगढ़ गहनों का संस्कारों के साथ अभिन्न सम्बन्ध है। इन लोकगीतों से उनके महत्त्व का अनुमान लगाया जा सकता है।

छत्तीसगढ़ गहने की ऐतिहासिकता

आदिम स्थिति में स्त्रियाँ कौड़ियों के गहने पहनती थीं। आगे चलकर गिलट, ताँबा और काँसे के गहने पहनने लगीं। आजकल चाँदी और सोने के गहने भी प्रचलित हैं। आभूषण सदैव नारी के आकर्षण का केन्द्र रहा है। बस्तर की आदिवासी महिलाएँ केशों के श्रृंगार के लिए कलात्मक कंघी का उपयोग करती हैं। यह अस्सी प्रकार की होती है। लकड़ी की कंघी की कलात्मकता से देने वाले के प्रेम का अनुमान लगाया जाता है। पहले श्रृंगार का उद्देश्य केवल आकर्षक दिखना होता था। गहनों से किसी प्रकार की प्रतिष्ठा जुड़ी हुई नहीं थी लेकिन आज गहने सौन्दर्य के साथ-साथ आर्थिक स्थिति का भी परिचय देते हैं। चाँदी और सोने के गहने जब पहने जाने लगे तब इसके साथ प्रतिष्ठा भी जुड़ गयी। गहने केवल सौन्दर्य ही नहीं बढ़ाते प्रतिष्ठा भी बढ़ाते हैं। गहनों का प्राचीन उपयोग केवल सौन्दर्य की अभिकृति करना था। तब इनके साथ प्रतिष्ठा के घटने-बढ़ने का प्रश्न नहीं था। ऐतिहासिक विकास के क्रम में गहने सौन्दर्य के साथ प्रतिष्ठा का भी परिचय देने लगे।

गहने और धार्मिकता

छत्तीसगढ़ के अधिकांश धार्मिक कार्यक्रमों में गहने का उपयोग होता है। धार्मिक महाकाव्यों पर आधारित पंडवानी हो या भरथरी गायन सभी में गहने ज़रूरी हैं। पंडवानी प्रस्तुत करने के लिए विश्व प्रसिद्ध श्रीमती तीजन बाई झुमका, सुंडरा, करधन, ककनी, ऐंठी और पहुँची पहनती हैं जबकि श्रीमती ऋतु वर्मा गले में सूर्य के साथ-साथ रुपिया माला भी पहनती हैं। 'रहस' जो कृष्ण कथा पर आधारित होती है इसमें भी विभिन्न प्रकार के गहनों का उपयोग होता है। बस्तर के दक्षिणी भाग में निवास करने वाले माड़िया फ़सल कटने के बाद चढ़ौती चढ़ाने के समय गवर नृत्य

करते हैं। गिलट, ताँबा, पीतल, चाँदी इत्यादि धातुओं के भारी गहने लादे एक-दूसरे के कमर में हाथ डाले नृत्य करती और गीत गाती आदिवासी युवतियों के चेहरे की प्रसन्नता लय और ताल दर्शक को भाव विभोर कर देने के लिए यथेष्ट होता है। युवतियाँ पैरों में पैरी पहनती हैं जिसे 'इत्तापुल्ला' कहा जाता है। गले में दो या तीन सूतिया, हमेल और कलाई में वजनी चूड़े पहने जाते हैं। गोत्र देवता की पूजा अर्चना तथा गाँव या क्षेत्र में रहने वाले लोगों की सुख समृद्धि के लिए इष्ट देव से आशीर्वाद प्राप्त करने के लिए अबूझमाड़ क्षेत्र में काकसार नृत्य पर्व का आयोजन किया जाता है। नृत्य के लिए युवतियाँ गले में हमेल और सुतिया पहनती हैं। कर्म देवता की स्मृति एवं करम वृक्ष की पूजा के अवसर पर करमा नृत्य होता है। करमा का अर्थ होता है–आपस में हाथ मिलाना और काम करना। करमा नृत्य में पुरुष लोहे के पैजना, कानों में लुरकी और गले में हमेल धारण करते हैं। इसी तरह महिलाएँ गले में हँसली, हमेल, कानों में बारी, बाँहों में बहुँटा, ककना, कलाई में चूरा, कड़ा, दोहरी, पैरों में ढोउर तथा बिछिया पहनती हैं।

गहने और वैज्ञानिकता

गहनों के नामकरण में ही वैज्ञानिकता दिखलाई पड़ती है। विभिन्न धातुओं के प्रयोग के अनुसार गहने के नाम परिवर्तित हो जाते हैं। गले के आभूषण के रूप में रुपिया का प्रचलन है। जब रुपियों के बीच चाँदी की कुंडली लगाई जाती है तब इसका नाम हमील हो जाता है। रुपिया अगर कम वज़न के सोने से बनाया जाये तो इसे पुतरी कहा जाता है और जब ज़्यादा सोना उपयोग में लाया जाता है तब इसे मोहर कहते हैं। श्रृंगार के साथ-साथ इन गहनों का स्वास्थ्य की दृष्टि से भी महत्त्वपूर्ण स्थान है। पाँच या छह लर की करधन प्रसूता को बच्चे के जन्म के बाद पहनायी जाती है जिससे बच्चे के जन्म के कारण शारीरिक गढ़न पर जो प्रभाव पड़ता है वह फिर ठीक हो जाता है। इसी तरह पैरों में पहने जाने वाला गहना पाँव की मांसपेशियों को अनुकूल आकार में रखता है। कई बार काले धागे में बँधा हुआ चाँदी का ताबीज़ बच्चों को अनिष्टकारी प्रभाव से बचाने का काम करता है। वन्य जातियों में काष्ठ, कौड़ी, गिलट के हल्के-फुल्के गहने ज़्यादा पहने जाते हैं। ऐसा करने का मुख्य कारण जंगल में लम्बी यात्रा करना और श्रम से अपना भोजन एकत्रित करना है। धातु के वज़नी गहने उनके लिए कार्य में बन्धनकारी हैं।

अनुष्ठानों में महत्त्व

छत्तीसगढ़ में अलग-अलग अनुष्ठानों के अवसर पर अलग-अलग अंगराग उपयोग में आता है। एक गीत में लड़की सुआ नाचने जाने के लिए अपनी माँ से आभूषण माँगती है–

दे दे दाई तोर गोड़ के पैरी
सुआ नाचे बर जाबोन
दे दे दाई तोर हाथ के बहुंटा
सुआ नाचे बर जाबोन
दे दे दाई तोर घेंच के सूंता
सुआ नाचे बर जाबोन

इसी तरह वह क्रम से माथे की टिकुली, कान की खूँटी और हाथ की ककनी की माँग करती है जिसे पहनकर वह सुआ नाचने जा सके। इसी तरह सोहर गीत में बच्चे के जन्म के अवसर पर ननद अपनी भौजी से कहती हैं–

हमरो भाई के होय हवै लाले
हम काजर आंजे ला जाबोन हो
थारी भर मोहर पाबोन हो

विवाह के अवसर पर झाँपी बुलावा भेजा जाता है। झाँपी में विभिन्न विवाह संस्कार के लिए आवश्यक वस्त्रों के साथ गहने भी होते हैं। विवाह कार्य प्रारम्भ होते ही तेल-हल्दी चढ़ाते समय वधू को सुंडरा पहनाया जाता है। लोकगीतों में सौभाग्य का चिह्न माने जाने वाले टिकुली के सौन्दर्य का वर्णन इस प्रकार है–

माथे पर टिकुली, मंजूर झाल झलके
झलके रे झलके रे देख जिया ललचे
माथा ला तार-तार बेनी बन आबो बार
बेनी में बोले मंजूर

गहने अनुष्ठानों के अविभाज्य अंग हैं जिनके बग़ैर महत्त्वपूर्ण अनुष्ठान पूरे नहीं होते।

सामाजिकता

समाज के विभिन्न वर्ग अपनी सामाजिक स्थिति के अनुसार विभिन्न प्रकार के गहने उपयोग में लाते हैं। जनजातियों में कौड़ी, काठ की कंघी आदि का भी उपयोग श्रृंगार के लिए किया जाता है। उच्च वर्ग के लोग सोना और चाँदी के बने गहने पहनते हैं। मध्यम वर्ग के लोग चाँदी और अन्य धातुओं का गहना पहनते हैं जबकि निम्न वर्ग के लोग ताँबा, पीतल और गिलट के बने गहने उपयोग में लाते हैं। मध्यम वर्ग विवाह आदि के अवसर पर एक-दो गहने सोने के बना लेते हैं। खूँटी और फुल्ली सोने के होते हैं क्योंकि इन गहनों में सोना कम लगता है। विभिन्न सामाजिक कार्यक्रमों के अवसर पर गहने पहनना ज़रूरी होता है क्योंकि इन्हीं गहनों से लोगों की आर्थिक हैसियत का अन्दाज़ा लगता है। विभिन्न संस्कारों के अवसर पर हैसियत के अनुसार कम या ज़्यादा क़ीमत के गहने भेंट भी किये जाते हैं। वधू की मुँह दिखाई हो या वर का द्वार पर आगमन हो, गहना भेंट करना ज़रूरी होता है। भांजे के विवाह में मामा द्वारा सिर ढँकाने के बाद कोई न कोई गहना भेंट करता है। कहा जा सकता है कि छत्तीसगढ़ी समाज का गहना एक महत्त्वपूर्ण हिस्सा है।

सौन्दर्यबोध

सुन्दर दिखने की इच्छा नारी का सहज स्वभाव है। गहने उसी आकर्षण के कारण नारी जीवन का अभिन्न अंग बन गये। नख-शिख श्रृंगार के लिए गहने तैयार हुए। कान में पहनने के लिए धार ढार, तरफी, खिनवा, आयरिंग, बारी, फूल संकरी, लुरकी, लवंग फूल, खूँटी तितरी तैयार किये गये हैं। नाक में पहनने के लिए लवंग, नथनी, नथ, फुल्ली बनाये गये हैं। गले के सौन्दर्य की वृद्धि के लिए सूंता, पुतरी, कलदार, सुर्रा, संकरी, तिलरी, हमेल तथा हँसली का निर्माण हुआ। बाजू के लिए पहुँची, हाथों की कलाई के लिए बहुँटा, कड़ा, हरैया, बनुरिया, ककनी, नागमोरी, पट्टा तथा ऐंठी, उँगली के लिए (अँगूठी) मुंदरी बनाये गये। कमर में करधन, पैरों में पैरी, तोड़ा, सांटी, कटहर, चुरवा, चुटकी, बिछिया आदि से श्रृंगार किया जाता है। बच्चों को ठुमड़ा, गठुला, मुंगुवा हाथ में कड़ा पहनाया जाता है। छत्तीसगढ़ में जो गहने उपयोग में लाये जाते हैं उनके निर्माण में सोना, चाँदी, काँसा, पीतल, एल्युमिनियम, लोहा, मिश्र धातु

आदि प्रयोग में लाये जाते हैं। अपनी आर्थिक हैसियत के अनुसार अलग-अलग गहने ज़रूर पहने जाते हैं। ग़रीब हो या मध्यमवर्ग या सम्पन्न सबके मन में सुन्दर दिखने की अभिलाषा होती है। यह अभिलाषा प्रकृति प्रदत्त होती है इसलिए आर्थिक हैसियत का ज़्यादा प्रभाव इस पर नहीं पड़ता।

नागमोरी

प्राचीन रूप श्रृंगार में लोक आभूषण

नारी और प्रकृति समानधर्मी हैं। जैसे प्रकृति समय-समय पर प्रत्येक ऋतु में विभिन्न पुष्प-पत्रों से स्वयं को अलंकृत करती है, उसी प्रकार नारी भी विभिन्न प्राकृतिक उपादान से स्वयं का रूप श्रृंगार करती है। प्राचीन युग में नारी के सौन्दर्य का आधा भाग यदि प्रकृति की देन है तो शेष आधा सुन्दरी वह स्वयं को विभिन्न प्रसाधनों द्वारा आकर्षक, चारों ओर लावण्यमयी बनकर प्राप्त करती है। यह प्राकृतिक प्रसाधन न केवल सौन्दर्यवर्धक है अपितु स्वास्थ्यवर्धक और मांगलिक दृष्टि से भी महत्त्वपूर्ण है।

प्राचीन भारतीय साहित्य

सोमेश्वर कृत 'मानसोल्लास', राजा भोजकृत 'चारुचर्या', श्रीमद्रूपगोस्वामी कृत 'उज्ज्वल नीलमणि', वराहमिहिर कृत 'वृहत्संहिता' आदि सभी ग्रन्थ सौन्दर्य के विभिन्न पक्षों पर विस्तृत विवेचन प्रस्तुत करते हैं। इनमें से श्रीमद्रूपगोस्वामी ने उद्दीपन विभाव प्रकरण के 53वें श्लोक में कहा है 'चतुर्था मण्डनं वासु भूषामाल्यानुलेपनैः' अर्थात रूप मण्डन या रूप श्रृंगार चार प्रकार से होता है, वस्त्र द्वारा, भूषा द्वारा, माल्य द्वारा और अनुलेपन द्वारा। इनमें अनुलेपन ही आज कॉस्मेटिक शब्द द्वारा जाना जाता है, पाश्चात्य संस्कृति के अनुसरण की दौड़ में हम प्रकृति प्रदत्त अनुलेपन या हर्बल कॉस्मेटिक्स को छोड़ते जा रहे हैं। यह न केवल नारी के शरीर को अपितु मन और मनोभाव को प्रभावित करता है और उसको उस प्रकृति से जोड़ता है जिसकी वह अंश है, इन प्राकृतिक अनुलेपनों को आयुर्वेद की वृहत्त्रयी अर्थात महर्षि चरक, सुश्रुत और वागभट्ट ने गहन अध्ययन और विवेचन द्वारा सदियों पूर्व आयुर्वेदिक पृष्ठभूमि में स्थापित किया था।

मांग टीका
माथे की सांखली
झेला-झमेला
शीशफूल
जंजीर
लौंग
बेसर
रकड़ी-बोरला
कान की झूमर
कान की कनोती
हथफूल
चांदबाली
गोखरू
पासा
सिरपट्टी
कान की बाली
चूड़ा
पोंछी
नथ
कान के टॉप्स
कड़ा
कांटा
गले की आड़
चोटी
ब्रॉच
नोगरी
बंगड़ी
मटरमाला
अंगूठी
तुसी
बाजूबंद
कनफूल
तोड़ा
हार
फूंदा
सटका
बींटी
कमरबंद
आंवला
दस्तबंद
कड़े
नेवरी
टणका
कड़ले
पायजेब
पगपान
पैर फूल
बिछिया
मांडली
गुठ्ला
हारपान

डॉ. भावना आचार्य ने अपनी अद्वितीय पुस्तक 'प्राचीन भारत में रूप श्रृंगार' में लोक आभूषण का शास्त्रीय वर्गीकरण नौ भागों में किया है। स्त्री प्रसाधन एवं विलेपन

(बाथ), केश प्रसाधन एवं सज्जा हेयर डो, भू-घटना एवं नेत्र विशेषक आईब्रो थेडिंग, मुख मण्डल मण्डन फेस पैक, स्तन प्रसाधन हस्तांगराग, नखरज्जन, पादांगराग मैनिक्योर, पेडीक्योर आदि और सौगंधिक द्रव्योप्रयोग परफ्यूम्स।

हड़प्पा सभ्यता में प्राप्त विशाल स्नानागार, पुष्करिणियों का वर्णन, मुग़ल काल के हमाम, क्लियोपेट्रा का दुग्ध स्नान के महत्त्व को इंगित करते हैं। दूध में पाया जाने वाला लैक्टिक एसिड त्वचा के सौन्दर्य के लिए बहुत उपयोगी माना जाता है। आयुर्वेद के अनुसार तेल की मालिश से वात प्रकोप शान्त रहता है।

कालिदास के 'ऋतु संहार' के अनुसार स्त्रियाँ हेमन्त ऋतु में तेल की मालिश करवाती थीं। स्नान से पूर्व मज्जन या उबटन का भी प्रावधान था जो बेसन में चन्दन, केसर, कस्तूरी और दूध मिलाकर बनाया जाता था। सन बर्न या सूर्य ताप आदि से पड़े दागों को मिटाने के लिए और चेहरे को कान्तिमय बनाने के लिए कच्चे दूध में चिरौंजी पीसकर उससे बना लेप सर्वश्रेष्ठ माना जाता था। चने के बेसन का उबटन खुरदुरी त्वचा को मुलायम करके सौन्दर्य निखार देता है। उबटन की चिकनाई को दूर करने के लिए लोध्र के चूर्ण का प्रयोग होता था। साबुन का प्रयोग 16 वीं शताब्दी में पुर्तगालियों द्वारा भारत में उपयोग किया गया लेकिन त्वचा के लिए इसे बहुत उपयोगी नहीं माना जाता है। प्रसिद्ध मॉडल क्लाउड शौफर के सौन्दर्य का राज साबुन का प्रयोग न करना है। उबटन से रक्त संचारण में वृद्धि होती है और अनचाहे बालों से छुटकारा मिलता है। इसी कारण उबटन को सोलह सिंगारों में पहला स्थान दिया गया है।

स्नान के पश्चात सद्य: स्नाता नायिका द्वारा केशों को सुखाना समस्त कवियों और प्रेमियों के आकर्षण का विषय रहा है। अत: स्नान के पश्चात केश सज्जा और केस विन्यास का अलंकरण नारियों को स्वाभाविक रूप से प्रिय है। केशों में सुगन्ध हेतु कपूर, कस्तूरी और काले अगरु का प्रयोग होता था जो न केवल सौन्दर्य की दृष्टि से अपितु स्वास्थ्य की दृष्टि से भी बहुत लाभदायक था। नीबू के रस में बरगद की जटा पीसकर इस घोल को शेम्पू के रूप में प्रयोग करने से बाल कुछ ही दिनों में लम्बे काले और घने हो जाते हैं। तत्पश्चात विभिन्न पुष्प यथा मल्लिका, चमेली आदि बालों में लगाये जाते थे जो प्रथा आज भी दक्षिण भारत में बहुत अधिक प्रचलित है। शेम्पू या बाल धोने के लिए वराहमिहिर ने गन्धयुक्ति अध्याय के पाँचवें श्लोक में दालचीनी, कुष्ठ रेणु, नलिका, स्पृक्का, रस, तगर, वालक और केसर पत्र को उसमें मिलाकर बने मिश्रण को उत्तम बताया है।

सुप्रसिद्ध लोक गायिका श्रीमती रजनी रजक

भौं और नेत्र नारी सौन्दर्य को मादकता प्रदान करते हैं। आँखों में तीन स्वाभाविक स्थितियाँ होती हैं–श्वेत, श्याम और हल्की लाल जिन्हें कवियों ने श्वेत, श्याम और रतनार के नाम से पुकारा है। स्वस्थ आँखों के लिए त्रिकुट पर्वत का अंजन, सौवीर अंजन या सुलेमानी सुरमा प्रयोग होता था। काजल लगे कजरारे नयन न केवल नायिका के रूप में वृद्धि करते हैं अपितु उसकी कोमल भावनाओं को भी बिन बोले कह देते हैं।

मुख, सौन्दर्य की चरम अभिव्यक्ति का माध्यम कपोल, भाल, चिबुक गाँव ओष्ट और दन्त को समाहित किये हुए होते हैं। कपोल या गालों पर मकरीपत्र से गोरोचन, हरीताल, मन:शिला आदि को मिलाकर अनुलेपित किया जाता था। कपोल या ठोड़ी पर प्राकृतिक तिल का होना या छोटे से दिल की रचना सौन्दर्य की दृष्टि से बहुत ही आकर्षक और उत्तेजक मानी गयी है।

मुख मण्डल को कान्ति युक्त बनाने के लिए मसूर की दाल को बकरी के दूध में पीसकर चेहरे पर लेपन करने से चेहरा फूल की तरह कोमल और सुन्दर हो जाता है। खसखस को थोड़ा सा भूनकर कच्चे दूध में पीसकर चेहरे पर अनुलेपित करने से चेहरे पर निखार आ जाता है।

माथे पर बिन्दिया या तिलक ना केवल सौन्दर्य की दृष्टि से अपितु सौभाग्य और मंगल की दृष्टि से भी महत्त्वपूर्ण है। गोरोचन, कुमकुम, हरीताल, केसर, चन्दन आदि द्रव्यों का तिलक के रूप में प्रयोग होता था। बिन्दी स्वर्ण या चाँदी की भी बनती थी, उसी परम्परा में आजकल विवाह में नववधुएँ टीका धारण करती हैं।

ओष्ठ या अधरों का कामशास्त्रीय दृष्टि से एक विशिष्ट स्थान है। इनकी लाली, कोमलता और किनारों से पतलापन सौन्दर्य के प्रतिमान माने गये हैं। इनके श्रृंगार में अलक्तक के लेप का प्रयोग किया जाता था। बौद्ध साहित्य में नन्दी चूर्ण को ओष्ठों के रंगने का चूर्ण कहा गया है। ताम्बूल या नागवल्ली का ओष्ठ रंगने हेतु प्रसाधन के रूप में प्रयोग पारम्परिक रूप से चला आ रहा है।

नारी का सौन्दर्य, कटाक्ष और आकर्षण मुस्कान से ही अभिव्यक्त होता है जिसमें दाँतों का विशेष योगदान होता है। चमचमाते मोती से दाँत हल्के खुले ओठों में कैसे मिश्रित गोमूत्र में भिगोई दातुन को इलायची, नागपुष्प, तेजपात, दालचीनी, मरीच आदि में डुबोकर फिर उसमें जायफल, गन्धपत्र हाथी का चूर्ण लगाया जाता था। ऐसी दातुन से दाँत जीवन भर चमकते थे।

सौन्दर्य का सम्बन्ध कामेच्छा के संकल्प से भी है। दीदारगंज की यक्षी हो या कालिदास की शकुन्तला या मथुरा की कुषाणकालीन लक्ष्मी हो, सभी के प्रशस्त, पुष्ट पयोधर नारी की देह यष्टि को पूर्णता देते हैं। स्तनों पर केसर, अगरू, कस्तूरी, गोरोचन हाथी का लेप किया जाता था। ग्रीष्म काल में उशी या खस का भी लेपन होता था तो बसन्त में प्रियुं या कालीयक का। आयुर्वेद के अनुसार बच, असंगध तथा पीपल को पीसकर लेपन करने से स्तन सदैव पुष्ट और उन्नत रहते हैं। इसके अतिरिक्त हस्तांगराग, नखरज्जन, पादांगराग और सौगंधिक द्रव्योप्रयोग के लिए भी विभिन्न विलेपनों का वर्णन है जो स्त्रियाँ प्रयुक्त करती थीं।

निष्कर्ष यह है कि आज के आधुनिक रसायन प्रधान प्रसाधनों की अपेक्षा नारियों को प्राचीन भारतीय परम्परा के अनुरूप लोक आभूषण का प्रयोग करना चाहिए। ऐसे प्रसाधनों का उपयोग ना केवल सौन्दर्य को दीर्घकालीन और चिरस्थायी बनाने में भी सहायक होगा बल्कि मानसिक मनोभावों को भी अनुकूलता प्रदान करेगा।

नारी के सौन्दर्य प्रसाधनों में आभूषणों का महत्त्वपूर्ण स्थान रहा है। जिस तरह शृंगार के बिना साहित्य सूना होता है उसी तरह आभूषणों के बिना नारी सूनी होती है। आभूषण नारी के सौन्दर्य-प्रसाधन के ही नहीं वरन सौभाग्य के भी प्रतीक रहे हैं। छत्तीसगढ़ी लोकगीतों में नायिका ने नायक के प्रेम में आसक्त होकर अपने बचपन के दिनों को याद करते हुए टिकली और मुन्दरी को श्रेष्ठ आभूषण के रूप में चित्रित किया है–

बही बना दिये रे बुन्देला पगली बना दिये ना
तंय हा का जादू डारे रे बुन्देला बही बना दिये ना
नानचिन टिकली बर टिकली बर टिकली बर नियत लगाये ये
मोर टीप चुंदी मुनगा काड़ी सेमर कांदा
अइसे चुटकुल दबाये रे मोर ननपन के लगिन चांउर दोसती बनाय रे
नानचिन फीता बर फीता बर फीता बर नियत लगाय रे
मोर टिप चुंदी मुनगा काड़ी सेमर कांदा
अइसे चुटकुल दबाये रे मोर ननपन के लगिन चांउर दोसती बनाये ये
नानचिन मुन्दरी बर मुन्दरी बर मुन्दरी बर नियत लगाय रे
मोर टिप चुंदी मुनगा काड़ी सेमर कांदा
अइसे चुटकुल दबाये रे मोर ननपन के लगिन चांउर दोसती बनाये रे।

छत्तीसगढ़ी लोकगीतों में कत्था, चूना और सुपारी को पान के आभूषण के रूप में प्रयोग किया जाता है। लोक व्यवहार में इस आभूषण को सम्पत्ति के शृंगार और विपत्ति के आहार के रूप में भी देखते हैं।

नारी की तरह लोकगीतों को भी आभूषण प्रिय रहे हैं। कुछ में हिना का संक्षिप्त वर्णन पाया जाता है और कुछ नखशिखान्त आभूषणों का वर्णन लिये रहते हैं। विवाह के लोकगीत मानो आभूषणों के बिना एक क़दम भी आगे बढ़ना नहीं चाहते। कन्या की जब सगाई होती है तो वर पक्ष की ओर से उसे आभूषण देने का रिवाज़ है। लग्न के पश्चात कन्यादान के समय भी पारिवारिकजनों की ओर से उसे आभूषण भेंट दी जाती है। नववधू जब ससुराल पहुँचती है, तब सास को प्रणाम करती है तो सासू माँ आशीर्वाद में बहू को आभूषण देती है। पुत्र जन्म के समय भेंट में देने के लिए तथा अपनी रूठी हुई पत्नी को मनाने के लिए भी इन आभूषणों का वर्णन पाया जाता है।

छत्तीसगढ़ में आभूषण लोक संस्कृति के लोकमान्य अंग हैं। सौन्दर्य की बाहरी चमक-दमक से लेकर शील की भीतरी गुणवत्ता तक और व्यक्ति की वैयक्तिक रुचि से लेकर समाज की सांस्कृतिक चेतना तक आभूषणों का प्रभाव व्याप्त रहा है। आभूषणों के उपयोग का प्रभाव तन और मन दोनों पर पड़ता है। उनके धारण करने से शरीर का सौन्दर्य ही नहीं प्रकाशित होता, वरन् स्वास्थ्य भी सुरक्षित रहता है। सौन्दर्य बोध में उचित समय पर उचित आभूषण पहनने का ज्ञान सम्मिलित है। शरीर विज्ञान

के आधार पर ही आभूषणों का चयन किया गया है। पायल और कड़े धारण करने से एड़ी, टखनों और पीठ के निचले भाग में दर्द नहीं होता। ज्योतिषविदों ने ग्रह नक्षत्रों के प्रभाव और आभूषणों के प्रभाव का सम्बन्ध स्थापित कर एक नयी दिशा खोली है। ग्रहों के बुरे प्रभाव को निस्तेज करने के लिए निश्चित धातुओं और रत्नों का चयन और आभूषणों में उनका प्रयोग महत्त्वपूर्ण खोज है।

शील की पहचान का एक उदाहरण रामायण में भैया लक्ष्मण के इस कथन से मिलता है कि–

नाहं जानामि केयूरे नाहं जानामि कुण्डले।
नूपुरे त्वभिजानामि नित्यं पादाभिवन्दनात।।

ना तो मैं इन बाजूबन्दों को जानता हूँ और ना इन कुण्डलों को, लेकिन प्रतिदिन भाभी सीता के चरणों में प्रणाम करने के कारण इन दोनों नूपुरों को अवश्य पहचानता हूँ। आभूषणों से नारी की रुचि का पता चलता है, तत्कालीन आर्थिक और सामाजिक स्थिति की भी पहचान हो जाती है। यदि प्राचीन समय में पैरों में स्वर्ण आभूषण या रत्न जड़ित आभूषण पहने जाते थे, तो तत्कालीन समृद्धि का पता लग जाना स्वाभाविक है। किसी परिवार की नारी के आभूषणों से उसके स्तर का ज्ञान हो जाता है। कुछ आभूषण सौभाग्य के प्रतीक रूप में मान्य हैं, जिन्हें देखकर परिणीता स्त्री की पहचान हो जाती है। आभूषणों से जुड़े लोक विश्वास, लोक संस्कृति के अवयव हैं। बिछिया बदलने के लिए अच्छे दिन चुने जाते हैं। लोकोत्सवों और पूजा में आभूषण शुभत्व के प्रतीक हैं। जीवन के दुख-सुख के साथ आभूषणों का सार्थक जुड़ाव रहा है। कैकेयी कोप भवन में जाकर लाखों की लागत के मोतियों के हार तथा सुन्दर बहुमूल्य आभूषण अपने अंगों से उतारकर फेंक देती है, (रामायण 2-9-56) जबकि सीता पति के हाथ की मुद्रिका पाकर इतनी प्रसन्न होती हैं, मानो उनके पतिदेव ही मिल गये हों। (5-3-4) इसी तरह के उदाहरण लोकगीतों और लोककथाओं में मिलते हैं।

आभूषणों का इतिहास

छत्तीसगढ़ के आभूषणों की एक लम्बी परम्परा रही है, जो प्रागैतिहासिक युग से लेकर वर्तमान काल तक जीवित रह कर सौन्दर्य बोध का इतिहास लिखती आ रही है। यहाँ का पुरातत्त्व, मूर्ति शिल्प, चित्रकला और ग्रन्थ उस इतिहास के साक्षी रहे हैं।

प्रागैतिहासिक युग

इस जनपद में रामायण काल तक इतिहास की सही जानकारी नहीं मिलती, महाभारत काल के पूर्व तक प्रागैतिहासिक युग ही बना रहा। छत्तीसगढ़ में गोंड जाति के अतिरिक्त सँवरा, कमार, भुंजिया, बैगा निवास करते थे। उनके स्त्री-पुरुष पक्षियों के पंखों, कौड़ियों, सीपियों, नागमणियों आदि से अपने अंगों की सज्जा करते थे। पुष्पों और पत्तियों को भी अंगों के अनुरूप गूँथा जाता था। पाषाण युग में पत्थर के और ताम्रयुग में ताँबे के हार, कंगन, कटिसूत्र और नूपुर जैसे आभूषण पहने जाते थे, भले ही उनके नाम दूसरे रहे हों। बालों में क्लिपों जैसा गहना होता था। रामायण काल में वैदिक संस्कृति का प्रसार होने से वैदिक आभूषण-चक्र, कुण्डल, हिरण्यपाणि (अँगूठी), माला, कड़े, बाजूबन्द ,करधनी और बालियों की घुसपैठ जारी हुई थी।

महाभारत काल

चेदी नरेश वसु उपरिचर, दमघोष, शिशुपाल आदि के ऐश्वर्य वर्णन से स्पष्ट है कि इस समय तक सोने-चाँदी के आभूषण पहने जाने लगे थे। स्त्री और पुरुष दोनों अंगों को सुसज्जित करने में रुचि रखते थे। उत्सवों में देवताओं के प्रतीकों तक को आभूषित करने की प्रथा थी। (महाभारत, आदि– पर्व, अध्याय 63, छन्द 20-21) पुष्पाभूषणों का भी प्रचलन था। आदिवासी और निर्धन वर्ग के लोग ताँबे के आभूषण पहनकर उल्लसित रहते थे।

जनपद काल

इस युग में भी कुण्डल, स्वर्णमाला, सिक्कों का हार केयूर आदि आभूषण प्रमुख रूप से चर्चित थे पर लोक और विशेष रूप में आदिवासियों के बीच चूड़ा, तोड़ा, पैरी, सतुवा, बहुंटा, झरका, जूरिया, टोडर, टकार आदि प्रचलित थे। लोक ने दोनों तरह के आभूषणों को अपनाकर एक समन्वित मानसिकता से काम लिया, जिसका सहयोग जनपद की स्वच्छन्दता ने दिया। बौद्ध धर्म की लोकपरकता ने लोक की गरिमा को ऊँचा उठाने का महत्त्वपूर्ण कार्य किया था, जिससे लोक आभूषणों को प्रधानता मिली। छत्तीसगढ़ के आभूषण इसी लोक आभूषण की चेतना के संवाहक हैं।

मौर्य शुंग काल

इस काल में स्त्री-पुरुष सोने-चाँदी के आभूषण पहनते थे। उनमें तरह-तरह की कारीगरी होती थी। भरहुत और साक्षी की मूर्तियों में कुण्डल, हार, कण्ठे, बाहुबलय, करधनी, नूपुर आदि कई प्रकार के आभूषण उत्कीर्ण हैं, जिससे उनके प्रचलन की जानकारी मिलती है। पुरुष कानों में कुण्डल, गले में कण्ठा, वक्ष पर हार और बाहुओं में अंगद पहनते थे जबकि स्त्रियाँ करधनी, तौक, मोहनमाला, कुण्डल, शीश माँग, कड़े और चूड़ियाँ धारण करती थीं। कटि की करधनी और गले की तौक कई लरों के होते थे। अँगुलियों में अँगूठियाँ और मस्तक पर बिन्दी-टिकुली विशेष रूप में शोभित थीं। करधनी में घण्टिकाओं की अलंकृति मन को झंकृत कर देती है। चन्दा, सुदर्शना आदि यक्षणियों के आभूषण ही लोक प्रचलन में थे।

नाग वाकाटक काल

इस युग में वस्त्रों में टाँके जाने वाले आभूषण प्रचलित हो गये थे। देवगढ़ (ललितपुर) के विष्णु मन्दिर (गुप्तकालीन) में मानवी और देवी स्त्री-पुरुष आभूषण पहने उत्कीर्ण हुए हैं। कानों में कुण्डल या करण फूल, गले में चन्द्रहार या एकावली, भुजाओं में भुजबन्द या अनन्तवलय, कलाइयों में कंगन, हाथ की अँगुलियों में मुन्दरी और कटि में मेखला या कटिसूत्र स्त्री-पुरुष और देवी-देवता के स्तर के अनुरूप डिजाइन में पहने जाते थे। पैरों में नूपुर सभी वर्गों की स्त्रियाँ पहनती थीं।

हर्ष काल

हर्षचरित के अनुसार कच्चे शीशे का बाला और गोदन्ती मणि से जड़ा हुआ रांगे का कड़ा इस युग का प्रचलित आभूषण था।

बाण के अनुसार पुरुष कानों में करणावतंस (बालियाँ), त्रिकण्टक (दो मुक्ताओं के बीच पन्ना जड़ा हुआ त्रिकोण कण्टक), कर्णोत्पल, पत्रांकुर, कर्णपूर और कुण्डल या मणि कुण्डल, गले में मुक्ताहार या हार, हाथों में कंकण या कड़े तथा कटि में रसना (करधनी) पहनते थे। वह अपने बालों को बालपाश से बाँधते थे। यह आभूषण स्त्रियाँ भी धारण करती थीं। इनके सिवाय वक्ष पर रत्नों की प्रालम्ब माला, सिर पर केशों से चूड़ामणि मकरिका, माथे पर टिकुली और पैरों में हंसक नूपुर भी पहनती थीं।

करधन

चन्देल काल

इस युग में हार गले का सर्वप्रिय भूषण था। कानों में कुण्डल सभी स्त्री-पुरुष पहनते थे, पर कर्णफूल स्त्रियों का आभूषण था। सिर में शीशफूल एवं बीज सभी स्त्रियाँ धारण करती थीं। कटि में करधनी या मेखला हर चन्देली और कलचुरि मूर्ति में उत्कीर्ण है। करधनी को सात लड़ी होने के कारण सत लड़ी कहलाने का गौरव मिला था।

तोमर काल

15वीं सदी के श्रेष्ठ कवि विष्णुदास हिन्दी की रामकृष्ण काव्य धाराओं के प्रवर्तक कवि हैं, उन्होंने एक स्थान पर लिखा है–अति आभरन रूप की राशि जिससे उनकी इस मान्यता का पता चलता है कि आभरन सौन्दर्य की राशि है। कृतियों के अनुसार स्त्रियाँ माथे पर टीका, कानों में तरिका या तरिवन और खूँटी, नाक में नकफूली, गले में कण्ठश्री, छुटी, गजमुक्तामाल, मोतीहार, हार, हाथों में चूड़ी, पहुँची, कँगना और पैरों में नेवर पहनती थीं। पुरुष कानों में कुण्डल, गले में कण्ठमाल, कण्ठश्री, हार, चौकी, नवग्रही, हाथों में कंकन और मुन्दरी तथा कटि में मेखला धारण करते थे।

16वीं-17वीं सदी में भक्ति की लहरें लोक मन को आन्दोलित कर उठीं। एक

तरफ़ विदेशी संस्कृति के तत्त्व सत्ता का सहारा पाकर अपना ज़ोर आज़मा रहे थे, दूसरी तरफ़ संस्कृति की रक्षा के लिए लोक संस्कृति सबल बन रही थी। इस पृष्ठभूमि में लोक आभूषण का व्यापक प्रसार हुआ। तुलसी ने राम के राजसी रूप के अंकन हेतु किंकिनी, हार, मुक्ताहार, मणिपाल, मुक्तावली, कंकन, कुण्डल और नूपुर का वर्णन किया है। 17वीं सदी के लोक प्रचलित आभूषणों की सूची आचार्य केशव के एक छन्द में मिलती है, जो निबन्ध के प्रारम्भ में उद्धृत किया गया। उसमें पैर की अँगुलियों के बिछिया और पैरों के बाँके, घुँघरू और जेहर, कमर के करधनी, हाथ की अँगुलियों के मुन्दरी, हाथ के कौंचा में पौंची, कंकन, वलय और चूड़ी, कण्ठ के कण्ठमाल और हार, कानों के कर्णफूल और खुटिला, नाक के नाकमोती, माथे का तिलक, माँग का माँगफूल, शीशफूल तथा वेणी का वेणीफूल उल्लेखित है, और 12 आभरण की शास्त्रीयता पूरी करते हैं। इतना निश्चित है कि उक्त सभी आभूषण लोक आभूषण थे और तीन साढ़े तीन सौ साल तक प्रसिद्ध रहे हैं।

19वीं सदी में आचार्य केशव जैसा छन्द प्रसिद्ध रीतिमुक्त कवि बोधा ने भी लोक आभूषण पर लिखा है–

बेनी शीशफूल बीजबेनिया में सिरमौर,
बेसर तरौना केसपास अंधियारी-सी।
कण्ठी कण्ठमाला भुजबन्द बरा बाजूबन्द,
ककना पटेला चूरी रत्नचौंक जारी-सी।
चोटीबन्द डोरी क्षुद्रघंटिका नयी निहार,
बिछिया अनौटा बाँक सुखमा की बारी-सी।
राजा कामसैन के अखाड़े कन्दला को पाय,
माधव चकचौंध रहो चाहिकै दिवारी-सी।।

(विरहवारीश, 13-41)

पद्माकर कविराज ने अपने ग्रन्थों में कुछ रियासती गहनों जैसे कलंगी, गोशपेंच और सिरपेंच का उल्लेख किया है। कलंगी सिर पर पहनने का एक जड़ाऊ गहना है, जिसे कलगी भी कहते हैं। सिरपेंच पगड़ी पर बाँधने का गहना है। गोश फ़ारसी शब्द है, जिसका अर्थ कान होता है। गोशपेंच कानों में पहनने का आभूषण है जो विदेशी है।

19वीं सदी में आभूषणप्रियता इतनी बढ़ गयी थी कि युद्ध में भी दोष रहित आभूषण धारण किये जाते थे। शत्रुजीत रासो में कवि ने लिखा है– तहं जंग काज दूषन रहित भूषन मंडियो। कविवर गुमान कृत 'कृष्ण चन्द्रिका' में आभूषणों की वही बहार है, जो बोधा या पद्माकर के ग्रन्थों में मिलती है।

मध्ययुग में समाज के तीन वर्ग

1. राजसी और सामन्ती वर्ग
2. अभिजात या उच्च वर्ग
3. मध्यम और निर्धन वर्ग।

पहले वर्ग के श्रृंगार और वस्त्राभरण की नकल दूसरा वर्ग करता था, ताकि वह तीसरे वर्ग में अपनी धाक जमा सके। तीसरा वर्ग ही वास्तविक लोक था, वह जहाँ उच्च वर्ग का थोड़ा बहुत अनुसरण करता था, वहाँ अपने बीच के चलन को उससे भी अधिक महत्त्व देता था। अब तक उसके और ख़ासतौर से गाँव के चलन में बेंदा, टिकुली, छूटा, बिचौली, सुतिया, हमेल, ककना, दौरी, गजरा, बजुल्ला, पंगुरिया, दुर, कनफूल, छापें-छला, चुरियाँ, करधौनी, पैजना, बिछिया आदि आभूषण प्रमुख थे।

पुनरुत्थान काल

पुनरुत्थान का अर्थ लोक साहित्य के पुनः उत्कर्ष पर आने से है, और यह काल-परिधि 19वीं सदी के अन्तिम चरण से लेकर 20 वीं सदी के प्रथम चरण तक मानी जा सकती है। इस युग के अन्त में आभूषणों की जगमगाहट कम होने लगी थी। पैरों में पैजना, बिछिया, अनौटा, कटि में करधनी, हाथों में बरा और खग्गा, खंगौरिया, हमेल, सुतिया, कानों में कनफूल बाली, नाक में पंगुरिया तथा माथे में बीज-दाउनी प्रमुख थे। उम्र में भी बदलाव शुरू हो गया था। भारी आभूषणों के स्थान पर हल्के आभूषण आ गये थे, जैसे पैरों में अनोखा, लच्छा और छैलचूड़ी, हाथों में दस्तबन्द, बेलचूड़ी, चूरा और गूँजे, गले में मटरमाल और हार, कानों में ऐरन और झुमकी तथा माथे में बिन्दी आदि।

लच्छा

आधुनिक काल

बीसवीं सदी के उत्तरार्ध में पुराने गहने लुप्त होना शुरू हो गये थे। आजकल नगरों में माथे में बिन्दी, नाक में नथ और कील, कानों में बाला– झाला, झुमका, टॉप्स, गले में हार, मंगलसूत्र, ज़ंजीर, हाथों में कंगन सैट, चूड़ी, पाटला, अँगूठी, पैर में पायल और बिछिया प्रचलित है। गाँवों में उक्त आभूषण के अलावा गले में सुतिया और हमेल, कटि में करधनी, पैरों में पायल, अँगुलियों में छल्ला पहने जा रहे हैं।

परिवर्तन का दौर इतना द्रुतगामी है कि आदिवासी युवतियों ने पारम्परिक गहने पहनना छोड़ दिये हैं। विदित है कि नये तरह के गहने अब आदिवासियों के घरों तक पहुँच गये हैं। वर्तमान समय में आभूषणों की डिजाइनिंग पर विशेष ज़ोर दिया जा रहा है। पहले भी यही बिन्दु प्रभावशाली रहा है, पर उसकी सीमाएँ गाँव की कारीगरी से गाँव की हाट तक, फिर गाँव के बाहर ज़िले में अथवा जनपद के किसी मेले की हाट तक और अब दूसरे प्रान्तों की राजधानियों तक बढ़ गयी हैं। इस वजह से बाह्य प्रसाधनों की क्षेत्रीयता पहचान अब नहीं के बराबर रह गयी है। दूसरी बात यह है कि आभूषण अब वज़न में इतने हल्के बनने लगे हैं कि हाथ की जगह मशीन का ही बोलबाला हो रहा है। आयातित आभूषण बाज़ार में हावी होते जा रहे हैं।

सुप्रसिद्ध लोक गायिका पद्मश्री श्रीमती ममता चन्द्राकर

आभूषणों का स्वरूप

छत्तीसगढ़ के आभूषण ख़ास तौर से पुराने आभूषण अब प्रचलन में नहीं हैं या लुप्त होने की कगार पर हैं, पहचानना और उनका नाम स्मरण रखना कठिन कार्य है। इसलिए उनके स्वरूप को समझना भी आवश्यक है।

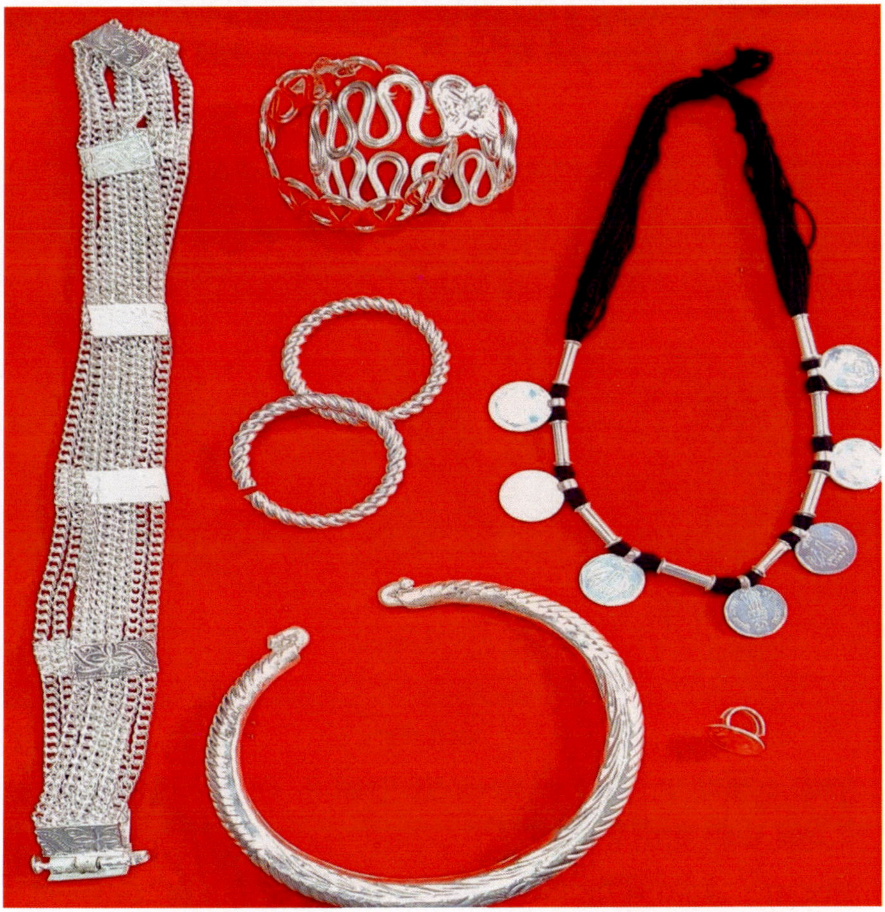

लरी करधन, नागमोरी, ऐंठी, सुर्रा, रुपिया माला

स्त्रियों के आभूषण

1. **पैर की अँगुलियों के आभूषण :** आभूषणों के साथ लोक विश्वास जुड़े हैं और उनमें सबसे अधिक महत्त्व मिला है बिछिया को, जो सुहाग का प्रतीक है और पैर की अँगुलियों का प्रधान है। विवाहित नारी ही उसका प्रयोग करती है।
2. **अनौटा :** महिलाएँ इसे पाँव के अँगूठे में पहनती हैं। इनकी डिजाइन छल्ला की तरह होती है, ऊपर चाँदी की चौड़ी सी पत्ती और नीचे चाँदी, पीतल या ताँबे की टूटदार पत्ती होती है। चौड़ी पत्ती पर रवा रखे जाते हैं और कई कारीगरी रहती है।
3. **चुटकी :** चाँदी, गिलट, कसकूट के छल्ला पर पट्टेदार, रवादार, पलियादार, ईंटदार, मछरियादार आदि कई तरह के डिजाइन की होती हैं।
4. **कटीला :** चाँदी या गिलट के छल्ला पर कलसियादार। ऊपर काँटे की तरह निकली हुई होती है।

कटही तोड़ा

5. **गुच्छी :** चाँदी या गिलट के छल्ला पर गुच्छों के रूप में लगे रहते हैं जो चलने में मधुर ध्वनि करते हैं।
6. **जोड़ुआ :** अँगूठा में पहनने के चाँदी, गिलट या कसकूट के बने छल्ला, जिनमें रवादार पट्टी या टूटदार पाँत बैड़े सी लगी रहती है।

7. **पाँते :** चाँदी के बने पतेदार छल्ला जो छिंगरी के छल्ला के साथ चाँदी की लड़ी से जुड़े रहते हैं।

8. **बिछिया :** यह एक बहुत पुराना आभूषण है। आकृति में बिच्छू से कुछ मिलता-जुलता है। चाँदी, गिलट, कसकूट के छल्ला पर दो गुटियों वाला कलसियादार, झिंझरियादार आदि डिजाइन के बिछिया नारी के सौभाग्य का प्रमुख चिह्न है। पहले विवाह के समय लोकगीत में भी बहुत प्रचलित था–'बिछिया मँगा दे दाई बिछिया मँगा दे' पहले बिछिया की लड़ी से जुड़े घुँघरू बजते थे, तो गली में घूमते मन कसक उठते थे। पाँवफूल की ठसक बिछियों की झनक तो अच्छे-अच्छे को वश में कर लेती थी।

सोन के झुमका लेदे रही मया के चिनहा
याद रही जोड़ी सदा ये चिनहा
जबले बनेंव तोर दुल्हनिया
बिछिया पहिरादे धनी बिछिया
मोला पहिरादे चाँदी के बिछिया।।

पीतल दांड़ी बिछिया

पैर के आभूषण

यह आभूषण एड़ी के ऊपर उभरी हड्डी की गाँठ के सहारे ऊपर भाग में पहने जाते हैं। कुछ ऊपर ही कसे रहते हैं और कुछ नीचे झूलते से हैं। कुछ टखने के नीचे चिपके रहते हैं। पायल टखने के नीचे लुढ़कती है जिससे भाव भरा-भरा लगता है।

सूता (1)

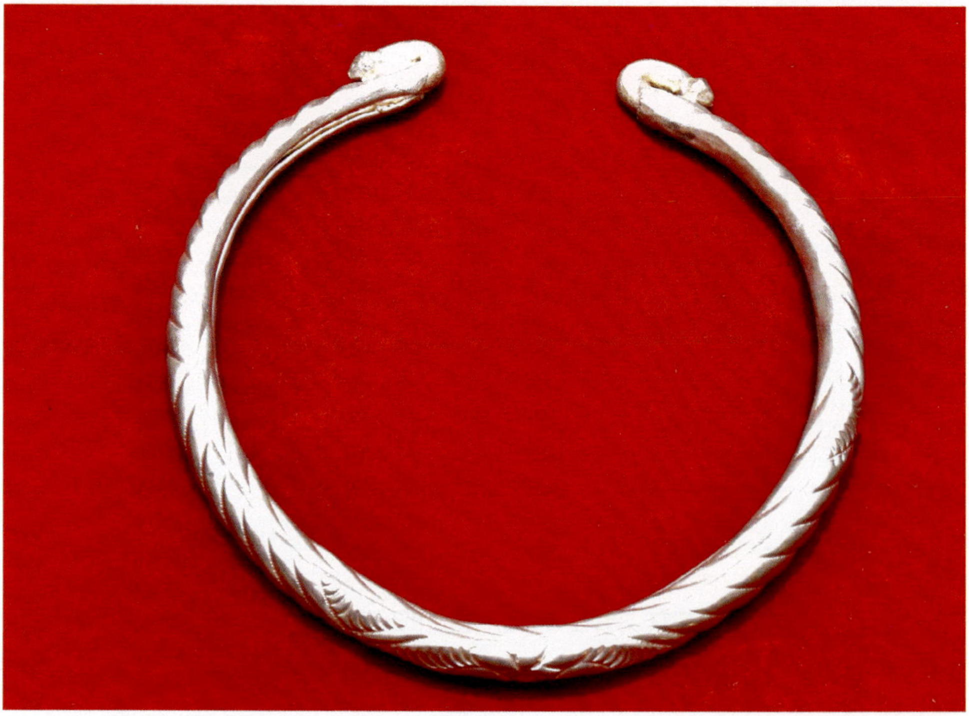

सूता (2)

1. **अनोखा :** चाँदी या गिलट के बने उमेंठे तारों के लच्छों के बीच समान अन्तर से लगे कुन्दों में घुँघरू फँसे रहते हैं। बजनिया मधुर झंकृति से आकर्षण फैला देते हैं। अनोखा लच्छों के साथ पहने जाते हैं।
2. **घुँघरू :** चाँदी, गिलट, कसकूट, पीतल के पतले पत्ती डोर या तार से गूँथते हैं। वर्तमान में इसका प्रचलन नहीं है, पर नृत्य में इसका प्रयोग किया जाता है।
3. **चूरा :** चाँदी, गिलट, कसकूट के सादा और कामदार बनते हैं। वह गोलाकार ठोस या पोले होते हैं। इनकी डिजाइन कड़ा की तरह होती है।
4. **छड़ा :** चाँदी, गिलट के इंच के दसवें भाग जितने मोटे और चौथाई इंच चौड़े पत्ते के बने आभूषण हैं, जो कड़ा के साथ पहने जाते हैं। उनमें कई तरह की कलाकारी की जाती है।
5. **छागल :** चाँदी या गिलट के पट्टेदार होते हैं। इनमें घुँघरू लगे रहते हैं। वह लच्छों के नीचे पहने जाते हैं।
6. **तोड़ा :** तोड़ा गुच्छादार जैसा होता है। तोड़े में दो अंगूर के गुच्छे जैसे डिजाइन लगे रहते हैं। हल्के होने के कारण स्त्रियाँ पहनती थीं।
7. **पाजेब :** चाँदी की साँकरों की बनी गोलाकार पायल की तरह होती है, पर वह पैरों में फिट और चौड़ी रहती है तथा उसमें घुँघरुओं के गुच्छे गुँथे रहते हैं, जो चलने पर बजते हैं। छोरों पर पेंच लगाने के लिए कुन्दा बनाये जाते हैं।

पैरपट्टी (1)

8. **पायल :** चाँदी या गिलट के साँकरों से बनी गोलाकार कुछ ढीली सी रहती है। कटमादार, मीनादार, पलियादार, चन्दकदार, पान, चिड़ी, फूल कई तरह के डिजाइन में बने होते हैं। आजकल इनका प्रचलन सर्वाधिक है। थोड़ी-सी लय बँधने और तेज़ होने पर झनक-झनक की झंकार सुनाई पड़ती है, जो दूर से ही आकर्षित कर लेती है।

9. **लच्छा :** चाँदी या गिलट के तारों को उमेठकर बनाते हैं। स्त्रियाँ हर पैर में चार से छह तथा दस से बारह तक झाँझों के साथ पहनती हैं।

10. **पैजनिया :** चाँदी, गिलट और कसकूट के एक से दो इंच तक मोटे पैजना खोखले होते हैं, जिनके भीतर लोहे या पत्थर के कंकड़ डले रहते हैं। जिन्हें किशोरिया अधिक पहनती हैं।

मोर बर लेदे ना राजा जी, तंय हा पाँव के पैजनिया
मोर बर लेदे ना संईया जी कनिहा बर करधनिया।।

11. **पैरियाँ :** चाँदी, गिलट और कसकूट की पाजेब की तरह बनती है। बीच में खुलवाँ होती है। दोनों छोरों पर कुन्दा बने रहते हैं, जिनमें कील डालकर पहनी जाती है।

तोर पैरी के झनर झनर, चूरी के खनर खनर
जीव हा लेही रे गोरी तोर हंसा असन।।

हाथ की अँगुलियों के आभूषण

हाथ की अँगुलियों के आभूषण प्रागैतिहासिक काल से अब तक चले आ रहे हैं। वर्तमान में सभी वर्ग की स्त्रियाँ अँगुलियों में श्रृंगार करती हैं। अनेक कवियों की रचनाओं में मुन्दरी का वर्णन आया है, जिससे उनकी लोकप्रियता की बानगी मिलती है।

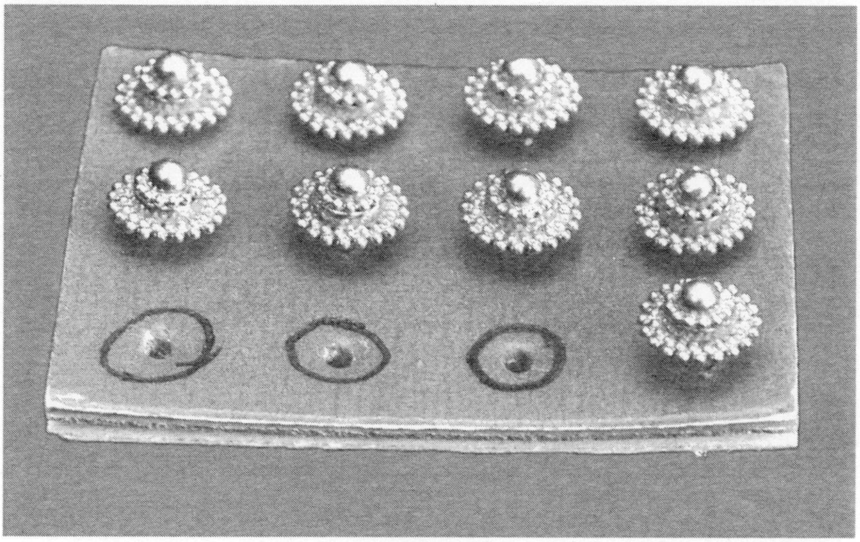

रवाही फूल्ली

चाँदी के मुन्दरी किनारी कर ले
मंय रहिथों मुजगहन चिनहारी कर ले।

1. **छल्ला :** सोने, चाँदी, ताँबे के तार के दो-तीन गोल घेरे को छल्ला कहते हैं। आदिवासियों का यह प्रिय आभूषण रहा है।
2. **मुन्दरी :** सोना, चाँदी, गिलट, पीतल, ताँबा, लोहा, अष्टधातु की बनती है। छल्ला पर पत्ता जुड़ा रहता है और उसे कई डिजाइनिंग से बनाये जाते हैं। उसमें मोती, हीरा आदि रत्न कई तरह नये और काँच से जुड़े होते हैं। मुन्दरी कई तरह की होती है। नगड़ी, जड़ाऊ और नौरत्न–हीरा, मोती, मूँगा, गोमेद, मानिक, नीलम, पन्ना, पुखराज और लसुनिया जड़े होने से नौरत्नी कहलाती है। सात धातु की सतधातु और अष्टधातु की अष्टधातु है।

मुन्दरी रे मुन्दरी सगुन मुन्दरी, ना रे अंगरी में गा
मोहनी रे मोहनी कसर मोहनी लागे भीतरी में वो।।

× × ×

चाँदी के मुन्दरी अउ सोन के चयेन,
खोर किंजरत आबे गा संगी मुजगहन के लयेन।।
बंगला बारी म ओ बंगला बारी के सोन चिरईया,
आ जाबे तरिया पार ये
तोला ये सनानना हे हो ...

3. **कंकन :** गाँव में इसे अधिकतर ककना कहा जाता था। शिक्षित समाज होने के कारण अब प्रचलन में कंगन हो गया। कंगन सभी धातुओं के रवेदार, जालीदार, ककनीयनदार और कई डिजाइनिंग के बनते हैं। गोल पत्ते के उठे हुए भाग पर कई डिजाइन बनाये जाते हैं।
4. **कड़ा :** सोने, चाँदी, गिलट, ताँबे के बने ठोस या पोले चूरा की डिजाइनिंग के गुट्टादार होते हैं अथवा बिना मुख के चूड़ी के डिजाइन बनाये जाते हैं। कड़ा सादा या कलात्मक दोनों तरह के ही पसन्द किये जाते हैं।
5. **गजरा :** सोने, चाँदी, गिलट के तारों के बिल्कुल महीन जालीदार बुनावट वाले गोलाकार पोले बनते हैं। छोरों पर पेंचदार या कीलदार होते हैं। गजरा के बीचों-बीच बिना बजनारे बोरों की गंसी गोल गेंदें सी लगी रहती है। चौपहली चूरानुमा आकृति की बगलों में उठी ही और ऊपर की पहल में निकासी वाली गुजरियाँ होती हैं। ऊपर की चौड़ी पट्टी पर नुकीले काँटों से बने होने पर कँटीला गजरा

कहलाता है।

गजरा गजरा गजरा तोर बेनी के मंय फूल गजरा
तोर चेहरा चेहरा चेहरा ला मंय खोजत रहिथों चेहरा।।

6. **चूरियाँ :** सोने, चाँदी, गिलट की पतली गोलाकार सब तरह की निकासी वाली और सादा बनती है। काँच की चूड़ियाँ अधिक प्रचलन में हैं। कचेरा काली काँच की चूरियाँ हैं, जो विवाह में पहनी जाती हैं। कुछ जातियों में लाल-पीले रंग की चूरियाँ ही नववधू पहनती हैं, जिन्हें अमरस कहते हैं।
7. **चूरा :** सोना, चाँदी, गिलट के ठोस, पोले और चपरा भरे गोलाकार सब तरह के यानी जालीदार, मीनावाले, जड़ाऊ और निकासीदार होते हैं। दो उमठे तारों के इमरतीदार, चूहों जैसे मुख वाले चूहा दत्ती, बाघ के मुख वाले बघवा और कई तरह की डिजाइनिंग के जैसे दशावतारी, सीताफली आदि कहलाते थे। सन्तान सप्तमी के व्रत में चाँदी का चूरा या चूरी पुत्रवती माताएँ पहनती हैं, और हर बार कुछ चाँदी मिलाकर उसे फिर बनवाती हैं। उसे सन्तान हित की कामना का प्रतीक माना जाता है।
8. **छल्ला :** चुरा जैसी डिजाइन का ऊपर की पटली पर रबादार छल्ला कहा जाता है, और चूड़ी जैसी डिजाइन की निकासीदार छन्नी कहलाती है।
9. **हथफूल :** हथेली के पीछे वाले भाग में चाँदी-सोने में कई डिजाइन के चिड़ी-पान, फूल आदि बने होते हैं, और अँगुलियों की तरफ़ लगे कुन्दों में पाँच या दो साँकरों से सधे, जो छोरों पर छल्लों से जुड़ी रहती है, और छल्ले अँगुलियों में फँस जाते हैं तथा कलाई तरफ़ कुन्दों में लगी साँकरे, आँकड़े में फँस जाती है। यह आभूषण पूरे अंग पर छाकर अपनी साख स्थापित कर लेता है।

गले के गहने

गले के सर्वप्रिय आभूषण हार का प्रचलन सबसे प्राचीन है। पाषाण-काल में प्रस्तर-हार, भले ही ना रहा हो, पर फूलों-पत्तियों का हार सहज स्वाभाविक है। ताम्रयुग में ताँबे के हार का प्रचलन था। माला वैदिक युग में रहा, जो हार का ही एक रूप है। उच्च वर्ग में ग्रैबेयक, कण्ठा, वनमाला, मुक्ताहार आदि प्रिय थे, जबकि ग्रामीणों में गुरियों और सिक्कों की मालाएँ, सरमाला, हमेल आदि पहने जाते थे।

1. **कण्ठमाला या कण्ठी :** छोटे-छोटे सोने की गुरिया और उतनी ही जरी की गुटियाँ जरी में बरी पहनी जाती हैं। अब चलन में नहीं है।
2. **गुलबन्द :** सोने के निकासीदार वर्गाकार पत्ता के फलों के नीचे मखमल लगा रहता है, और कुन्दों में डोरा बरने के बाद छोरों में फूँदना लगाये जाते हैं। यह गले में कसा हुआ सा होता है।
3. **चन्दनहार :** चाँदी की चन्द्रमानुमा चपटी छल्ली वाली लरों का हार साँकर या ज़ंजीर की तरह गले में पहना जाता था।
4. **मंगल सूत्र :** आधुनिक प्रचलन में सौभाग्य का प्रतीक बन जाने से काफ़ी समृद्ध

आभूषण हो गया है। कालीपोत, सोने की गुरिया और निकासीदार या मीनादार फल एक डोरा या साकर में गंसे रहते हैं, और बीच में सोने का कामदार टिकड़ा लटका रहता है। इस हारनुमा आभूषण को मांगलिक माना जाता है।

5. **मालाएँ :** सोने के गोल, चौखुंटे और अठपहले गुरियों को डोरा में बरकर माला बनाई जाती है। यह पुष्पमाला की तरह लम्बी होती है। सोने के लम्बे गुरियों की माला सर या सरमाला कहलाती है, और चढ़ाये में चढ़ती है। ऊपर की तरह क्रमशः पतले होते मटर के दाने के आकार वाले सोने के गुरियों की माला मटरमाला कही जाती है। सोने के मोतियों के बीच-बीच में काले मोती लगाये जाने से मोहनमाला बन जाती है। इलायची की आकृति के मोतियों की माला इलायची दानों की माला के नाम से प्रसिद्ध है। सोने के छोटे-छोटे गोल गुरियों की माला गटरमाला है। लड़ियों के अनुसार दो लड़ी, तीन लड़ी, चार लड़ी, पाँच लड़ी और सात लड़ी की मालाएँ होती थीं।
6. **सुतिया :** सोने की ठोस खगौरियानुमा बनी होती है। बीच में निकासीदार रहती है। समृद्धि की निशानी मानी जाती है।
7. **सेली :** सोने की छैया उतार गुरियों की कई लड़ियों की लम्बी माला सेली कहलाती है। उसके छोरों पर डोरा या जरी के गुरिया लगे रहते हैं। अब इसका चलन नहीं है।
8. **हँसली :** चाँदी की ठोस और ताँबे पर सोने के पत्ता की मानने के भाग में चौ पहली होते हुए चपटी होती है। खगौरिया और सुतिया की तरह चपटी पहल पर निकासी रहती है। छोरों पर गोल होती हुई गूँजदार बनाई जाती है, ताकि उमकाकर पहनी जा सके।
9. **हमेल :** सोने की मोहरों में कुन्दा जड़े जाते हैं, और डोरा या जरी में बरे रहते हैं। हमेल लम्बी और छोटी दोनों तरह की बनती है। कहीं-कहीं इसे मोहर माल या मोहरों की माला भी कहते हैं।
10. **हार :** मोतियों के जड़ाऊ और मीनाकारी के तथा नवरत्नी अनेक प्रकार के हार होते हैं। सीतारामी हार काफ़ी लम्बा-चौड़ा होता है, और उसके बीच-बीच में सोने के टिकड़ा तथा मोतियों की लड़ी लगी रहती हैं। दशावतारी हार में दस

अवतारों के चित्रण में कलाकारी की अनोखी बानगी रहती है। आजकल सैकड़ों डिजाइन के हार प्रचलित हैं।

कान के आभूषण

कर्णाभूषण भी प्राचीन है। ताँबे के बुन्दे ताम्रयुग में प्रचलित थे। चक्रनुमा कान का आभूषण वैदिक देन है। कर्णफूल आभूषण बहुत ही पुराने हैं। कर्णफूल और ढारों में आदिवासियों का रंग रहा है।

1. **ऐरन :** सोने की गोल जड़ाऊ या निकासीदार तरकी में कुन्दा से एक या तीन पत्ती जुड़ी रहती हैं। पत्तियाँ जड़ाऊ या कामदार बनाई जाती हैं। बीच की पत्ती में लम्बा-सा लटकन हिलता रहता है। ऐरन के ऊपर की कान को घेरने वाली साँकर कनचढ़ी कही जाती है।
2. **कनफूल :** कुकुरमुत्ता जैसी आकृति के सोने के कर्णफूल सादा और झुमकीदार दो तरह के होते हैं। फोन पर अधिकतर रबा की समानान्तर पंक्तियाँ रहती हैं। कभी-कभी छीताफली की दूसरी डिजाइन भी बनाते हैं।
3. **कुण्डल :** सोने के बाला से बड़े सादा और जड़ाऊ होते हैं। उनमें मोती लटकते रहते हैं। वह कई डिजाइनिंग के बने होते हैं।
4. **खुटिया :** सोने, चाँदी, गिलट और सब धातुओं की पान-चिड़ी, फूल, पत्ती, ईंट आदि डिजाइन की या हीरा, मोती, नीलम की जड़ाऊ बनती हैं।
5. **झुमका :** सोने के निकासीदार या जड़ाऊ फूल में लगे कुन्दा लटकती मन्त्र नुमा गोल, चौखूँटी और अठपहली झुमकी के निचले किनारे पर बोरा या मोती लटकते रहते हैं। आकार में कुछ बड़े झुमका होते हैं। झुमकी, जालीदार, रबादार, फूल-पत्ती आदि कई डिजाइनों में बनती है।
6. **ढार :** सोने या चाँदी की कनफूल की तरह गोल निकासीदार या जड़ाऊ होती हैं, और निचले किनारे में लगे कुन्दों से अंग्रेज़ी अक्षर यू की तरह साँकरें लटकती रहती हैं, जो क्रमशः भीतर की तरफ़ छोटे में यू में बदलती जाती हैं। यह साँकरें कपोलों पर लुढ़कती सुन्दर लगती हैं।
7. **तरकी :** सोने या चाँदी की फूल की तरह निकासीदार या जड़ाऊ कान की

कुचिया को सुशोभित करने वाली तरकी कहलाती है।

8. **तरकुला :** सोने के कनफूलनुमा, पर कनफूल से चौड़े रबादार और कलशादार आभूषण जिसमें मोती लगे रहते हैं, और उनसे जुड़ी झुमकी आभा का अलग रंग बिखेरती है, तरकुल कहलाता है। उससे छोटी तरकुली कही जाती है।
9. **तरौना :** सोने के कनफूल से जुड़ी झुमकी या झुमकीनुमा लटकन को तरौना या तरिवन अथवा कहीं-कहीं तरकी कहते हैं, और इसी को संस्कृत में ताटंक या तालर्पण कहा जाता है।
10. **फुल्ली :** सोने की गोलाकार छोटी बारी, जिसमें छोटे-छोटे मोती गुँथे रहते हैं, और जो कान के अगले भाग में पहनी जाती है।
11. **बारी :** सोने, चाँदी, पीतल के तार की गोलाकार कई डिजाइन की होती है। बारी कई प्रकार की बनती है। बारी में त्रिभुज जैसी आकृति जोड़ने पर तीतरी, तीन गुरिया चपटे तार में गुँथे होने पर तिगड़ी, छोटी बारी में गुरिया, मोती मोती में गुँथे होते हैं।

कान के बाली मा, होंठ के लाली मा
मन मोर अरझगे ना, हाय रे मोर बइरी नयना
तोर बर नयना लड़गे ना।।

12. **बाला :** मोटे तार के गोलाकार लौंड़ी से लटकते हुए। पहले पुरुष मोती मूँगा में गुँथे हुए पहनते थे अब स्त्रियाँ उन्हें सादा रूप में पहनती हैं।
13. **मुरकी :** सोने, चाँदी के मोटे तार की गोलाकार कान में लौंड़ी से थोड़ी सी ढीली पहनी जाती है। जड़ाऊ और मोतीदार भी होती है, जो मुरकी कही जाती है, यह कपोलों को स्पर्श करती है।

नाक के आभूषण

छत्तीसगढ़ में अधिकांश महिलाएँ नाक में नथुनियाँ, नकफूली, और बारी पहनती हैं।

1. **नथ-नथुनियाँ :** सोने की बाली के डिजाइन के बाली से मोटा और बड़े आकार का आभूषण जो नाक के दायें नासापुट में पहना जाता है, नथ कहलाता है। अधिक भार के कारण नथ को सँभालने के लिए मोती की लर, सोने की साँकर या डोरा कान के पास बालों में क्लिप से बाँधा जाता है। यह विवाह के समय

अधिक पहना जाता है, और इसे सौभाग्य का चिह्न माना जाता है। गोस्वामी तुलसीदास जी ने गीतावली में नथुनियाँ का उल्लेख किया है, जो नर से छोटी होने के कारण नथुनियाँ कही जाने लगी। इसे छोटे बच्चे भी पहनते थे।

2. **नकफूली :** फूलदार टीप्पो को पहले नकफूली कहा जाता था।
3. **बारी :** सोने-चाँदी और सब धातुओं की पतले तार की बनती है, उसमें नग भी जड़े रहते हैं।

माथे के आभूषण

माथे के आभूषण में टिकली सबसे प्राचीन है। छत्तीसगढ़ी लोकगीतों में कवियों ने श्रृंगार प्रधान गीतों में टिकली का सर्वाधिक उल्लेख किया हैं।

1. **टिकली :** सोने, चाँदी की पलियादार गोल आकृति की होती है और रार से चिपकाई जाती है। काँच की टिकली भी लगाई जाती थी पर आजकल प्लास्टिक की फैशनेबल टिकली प्रचलित है।

   माथ के टिकली जगर बगर, पैरी झनक जाथे
   मोर संइय्या के सुरता मा चुनरी सरक जाथे।।

2. **टीका :** सोने की दो से चार अंगुल लम्बी और एक से डेढ़ अंगुल चौड़ी त्रिपुण्ड तिलक के डिजाइन की पत्ती मस्तक के बीच में शोभित रहती है।
3. **तिलक :** सोने, चाँदी की पत्ती का अथवा काँच या प्लास्टिक का लम्बे आकार में मनचाहे डिजाइनिंग की बनी होती है। पान की डिजाइनिंग सबसे अधिक लोकप्रिय रही है।

सिर के आभूषण

सिर के आभूषण क्लिप प्रागैतिहासिक युग का आभूषण है।

1. **झूमर :** स्त्रियों द्वारा पहने जाने वाला आभूषण जिसमें सोने-चाँदी की साँकर झूमती रहती हैं और उनमें मोती लगे होते हैं।

2. **खोंचनी :** चोटी में बाँधा जाने वाला चाँदी का बना आभूषण जिसे पहले केशपास या केशबन्द कहते थे, यह कई डिजाइनों में बनी होती थी।
3. **बेनीपान :** चाँदी के पान की डिजाइन में बने आभूषण जो चाँदी की साँकर से जुड़ा रहता है, जिसमें एक ओर बालों में खोंचने का काँटा होता है।
4. **बेनीफूल :** चाँदी के फूल की डिजाइन में बने आभूषण जो एक तरफ़ सांकर और दूसरी तरफ काँटे से जुड़ा होता है।

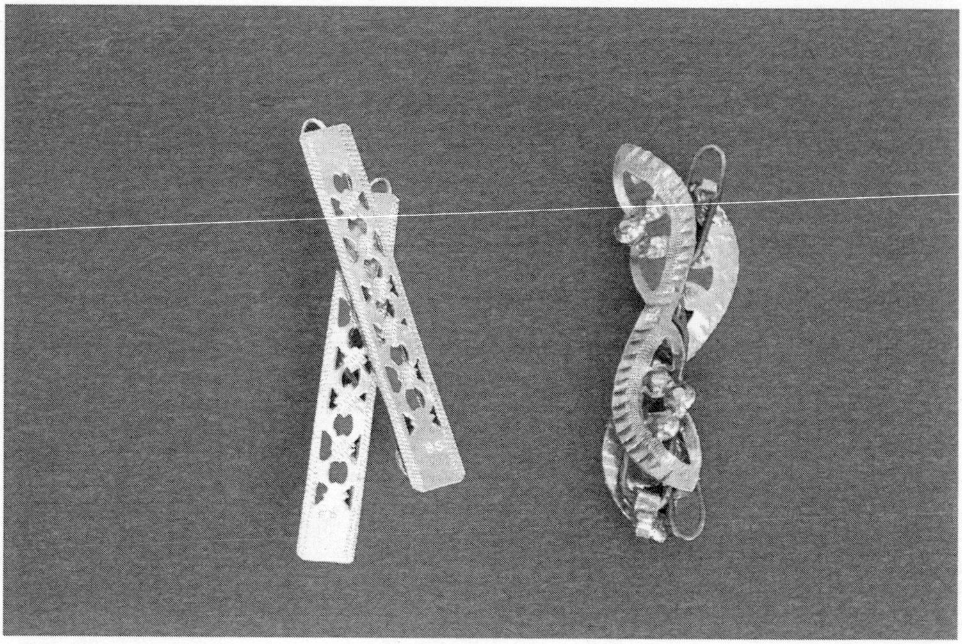

खोंचनी

पुरुषों के आभूषण

पैर के आभूषण : इनमें कड़ा, चूड़ा, और तोड़ा पुरुष पहनते हैं। वस्तुतः प्राचीन काल में कुछ आभूषण स्त्री और पुरुष दोनों पहनते थे, बाद में लिंग के आधार पर उनका विभाजन हुआ है।

हाथ के आभूषण : इनमें छल्ला, मुन्दरी, कड़ा और तोड़ा प्रमुख हैं। बाजू में बाजूबन्द या भुजबन्ध और अनन्त पहनते थे।

गले के आभूषण : इनमें कण्ठा, गजरा, साँकर, बनमाला, मोतीमाला, हार प्रमुख हैं। कण्ठा में सोने के मोटे और गोल गुरिया जरी में बरे रहते हैं। उनके साथ जरी की गुटियाँ बीच-बीच में गूँथी जाती हैं।

कान के आभूषण : इनमें कुण्डल, बारी और मुरकी प्रमुख हैं।

बालकों के आभूषण

पैर के आभूषण : इनमें चूरा और तोड़ा ही पहले पहने जाते थे। नवजात शिशु के जन्म संस्कार में अब तोड़ा के स्थान पर पायल दी जाती है। गोस्वामी तुलसीदास

जी ने बालक राम को पैजनियाँ पहने चित्रित किया है—ठुमक चलत रामचन्द्र बाजत पैजनियाँ। वे नूपुर भी पहने हुए हैं।

कटि के आभूषण : इनमें छोटी करधनी प्रमुख है। एक या दो लर की सादा करधनी डोरा कहलाती है। तुलसीदास जी ने किंकिणी और मेखला दोनों बालक राम के लिए लिखी हैं। किंकिणी में मधुर ध्वनि निकलती है। बड़े होने पर मेखला पहनी जाती है।

हाथ के आभूषण : इनमें कड़ा, चुरा और पहुँचियाँ हाथ में पहने जाते हैं। तुलसीदास जी ने बालक राम के लिए गगन और पहुँची का वर्णन किया है परन्तु बालक उनके लघु अकारीय रूप का ही प्रयोग करते हैं।

गले के आभूषण : इनमें गजरा, चन्दा, बघनखा और हायचन्द्रमा हैं। बच्चों के गले की वह माला चाँदी या ताँबे की ताबीज़ जो काले डोरा में गुँथे रहते हैं। बघनखा में चाँदी के चौकोर ताबीज़नुमा खोल में बाघ के नाखून जड़े रहते हैं।

कान के आभूषण : सामान्यतः बालक कानों में बालियाँ कुछ वर्षों पहले तक पहनते रहे हैं।

नाक के आभूषण : छत्तीसगढ़ में बालकों के नाक नहीं छिदाते और ना आभूषण पहनाते हैं। जिनकी मनौती होती है, वही नाक छिदा कर बारी पहनते हैं। तुलसीकृत गीतावली में ललित नासिका लसति नथुनियाँ में बालक राम का नथुनियाँ पहनना स्पष्ट है, जिससे उस समय नथुनियाँ के प्रचलन का पता चलता है।

वस्त्रों में टाँकने वाले आभूषण

घूँघट में टाँके जाने वाले आभूषण : साड़ी की घूँघट वाली किनारी पर आजकल मोतियों की लड़ी टाँकी जाती है। ख़ास तौर से विवाह के समय नववधू का घूँघट भी मोतियों से अलंकृत रहता है।

पल्ला या अंचरा के छोर पर टाँके जाने वाले आभूषण : साड़ी के पल्ला या अंचरा के छोर में मोतियों से सुसज्जित लड़ी टाँके जाने का रिवाज़ प्रचलन में आ गया है।

ओढ़नी में टाँके जाने वाले आभूषण : ओढ़नी के ऊपर की किनारी पर भी मोतियों की लड़ी टाँकने का रिवाज़ प्रचलन में आ गया है। आजकल ओढ़नी में जरी या गोटा की नयी-नयी डिजाइनिंग चलन में आ गयी है। जो देखते ही बनता है।

तोला का गोदना ला गोदंव ओ
मोर दुलउरिन बेटी
नाक गोदा ले नाक माँ फूली
माथ गोदा ले बिन्दिया
बाँहा गोदा ले बाँह बहुटिया
हाथ गोदा ले ककनी
तोला का गोदना ला ....
माँग उपर छयबुन्दिया गोदा ले
पाँव गोदा ले बिछिया
हिरदय माँ तोरे राम गोदा ले
दाग लगा ले चोला
तोला का गोदना ला ....

इसी तरह सोलह श्रृंगार केवल ख़ूबसूरती नहीं बढ़ाते, बल्कि वैज्ञानिक दृष्टि से भी शरीर के विभिन्न अंगों पर इनका अलग-अलग असर होता है।

बिछिया

माँग टीका : माना जाता है कि यह शरीर की गर्मी को नियन्त्रित करता है।

सिन्दूर : इसमें मौजूद रेड लेड आक्साइड से दिमाग़ की नसें नियन्त्रित रह सकती हैं।

बिन्दी : जहाँ बिन्दी लगाते हैं वहाँ नर्व पॉइंट होता है। माना जाता है कि इससे एकाग्रता में मदद मिलती है।

काजल : माना जाता है कि इसे लगाने से नकारात्मकता कम होती है। साथ ही यह आँखों के लिए फायदेमन्द है।

सुरता तंय झन करबे संगी
आँखी के काजर बोहा जाही ना।।

नथ : नाक में छिद्र होने पर महिलाओं में प्रसव के दौरान कम तकलीफ़ होती है।

नाक के नथनी, कान के बारी
खोपा हे गजरा, मोर आँखी हे कारी।।

कान के गहने : कान के बाहरी हिस्से में कई एक्यूप्रेशर पॉइंट होते हैं। गहनों से पड़ने वाले दबाव से किडनी और ब्लैडर स्वस्थ रह सकते हैं।

हार : मंगलसूत्र जैसे गहने ब्लड प्रेशर के स्तर को नियन्त्रित कर सकते हैं।

गजरा : मान्यता है कि चमेली के फूलों का गजरा सकारात्मकता लाता है और ऊर्जा का संचार करता है।

बाजूबन्द : यह मांसपेशियों में खिंचाव और हड्डियों में दर्द को नियन्त्रित करने में सहायता कर सकते हैं।

चूड़ियाँ : सोने-चाँदी की चूड़ियाँ हाथ की हड्डियों के लिए लाभदायक हैं।

अँगूठी : अँगूठी वाली उँगली की नस मस्तिष्क से जुड़ी हुई है। माना जाता है कि इससे मस्तिष्क की सक्रियता बढ़ती है।

मेहंदी : यह रक्त संचार को नियन्त्रित कर शरीर को ठण्डक पहुँचा सकती है।

मेहँदी लगादे वो मोर हाथ मा दाई मेहँदी लगादे वो
डोला बइठादे वो, दाई जलदी डोला बइठादे ना
बालापन के दाई दिन हा पहागे, मोर डोला बइठादे वो।

कमरबन्द : यह कमर पर फैट को जमने से रोकता है।

पायल : माना जाता है कि पायल साइटिका में राहत दे सकती है। सूजी हुई एड़ियाँ भी ठीक हो सकती हैं।

बिछिया : बिछिया वाली उँगली की नसें यूटेरस और दिल से जुड़ी होती है। यह रक्त संचार पर नियन्त्रण और पीरियड नियमित रखने में मददगार है।

चाँदी के जावर बिछिया, गँवागे नवा तरिया
मंय का करंव वो, मंय का करंव दिया

जुग जुग ले करे दिया, मंय का करंव वो
सजनी सजा के मंय जाहूं कइसे वो।।

लाल जोड़ा : यह पवित्रता का प्रतीक है। हालाँकि इसका कोई वैज्ञानिक कारण नहीं है। शरीर संरचना की दृष्टि से जो अंग जितने ही अधिक आत्मरक्षा के लिए उपयोगी हैं, उन अंगों में आभूषणों का उतना ही आधिक्य है। हाथों की संरचना इस ढंग से हुई है कि शरीर के किसी अंग पर होने वाले आक्रमण में वे तत्परता से रक्षा कर सकते हैं। इसीलिए छत्तीसगढ़ में प्राय: महिलाओं के हाथ में आभूषणों की अधिकता रहती है। अधिकांश आभूषण उन्हीं अंगों में पहने जाते हैं जिन्हें बाहर से देखा जा सके। सौन्दर्य में वृद्धि के साथ वे सम्पन्नता के प्रतीक माने जाते हैं, जिन स्त्रियों के पास जितने अधिक आभूषण होते हैं, वह उतनी ही सम्पन्न और सामर्थ्यवान मानी जाती है। छत्तीसगढ़ के कुछ विशिष्ट लोक आभूषण हैं, जो दूसरे अंचल में नहीं मिलते। उनकी रचना, सुन्दरता और उपयोगिता अपनी पृथक् पहचान और अस्तित्व रखती है। छत्तीसगढ़ के लोक-जीवन में प्रचलित लोकगीतों और लोककथाओं में अब तक जो निष्कर्ष निकलता है वह यही है कि प्रत्येक लोक आभूषण का अपना सौन्दर्य है और अपनी उपयोगिता है।

❑❑

फ़िल्मी दुनिया में छत्तीसगढ़ी लोक आभूषण का उपयोग

छत्तीसगढ़ी की पहली दो फ़िल्में 'कहि देबे सन्देश' और 'घर दुवार' सामाजिक समस्याओं पर केन्द्रित थीं इसलिए इन फ़िल्मों में ज़्यादा गहने उपयोग में नहीं लाये गये। अभिनेत्री सुरेखा के कान में आभूषण और गले में सँकरी अंगराग के रूप में दिखलाई पड़ता है। आगे चलकर जब 'मोर छंईहा भुईयां' फ़िल्म बनी तब लोक आभूषणों में वृद्धि हुई। गले में रुपिया, हमेल, हँसली, कमर में चौड़ा करधन, हाथ की कलाई में कड़ा, कान में इयरिंग, झुमका का उपयोग होने लगा। छत्तीसगढ़ी फ़िल्मों में पारम्परिक नृत्य दृश्यों की जब वृद्धि हुई तो नृत्य के विषय के अनुसार अंग रागों में भी बढ़ोतरी हुई। छत्तीसगढ़ी संस्कृति को चित्रित करने के लिए पारम्परिक गहने ज़रूरी थे। 'परदेसी के मया' जैसी फ़िल्मों में लोक आभूषण का समुचित उपयोग हुआ है। सूँता, रुपिया, सँकरी, नाक में फुल्ली, उँगलियों में नग जड़ी मुंदरी, कान में खूँटी जैसे छत्तीसगढ़ के पारम्परिक गहनों के कारण नृत्य आकर्षक हो उठे हैं। इन गहनों का उल्लेख कई स्थानों पर गीतों में भी हुआ है। छत्तीसगढ़ी फ़िल्मों की सफलता में बहुत बड़ा योगदान नृत्य और गीतों का रहा है जिसमें लोक आभूषण का दृश्यांकन तथा गीतों में भी जगह-जगह उनका उपयोग हुआ है।